SCHLAFFER
DIE CITY
ZU KLAMPEN

Reihe zu Klampen Essay
Herausgegeben von
Anne Hamilton

Hannelore Schlaffer,
geb. 1939, lebt als freie Schrift-
stellerin und Publizistin in Stuttgart.
Von 1976 bis 1978 war sie Lektorin in
Paris, seit 1982 hat sie eine außerplan-
mäßige Professur für Neuere deutsche
Literatur an den Universitäten Freiburg
und München inne. Sie schreibt regel-
mäßig für Tageszeitungen und Rund-
funkanstalten und hat Bücher und
zahlreiche Aufsätze vor allem zur Literatur der deutschen Klassik und Romantik sowie mehrere Essaybände vor-
gelegt. Von ihr sind zuletzt erschienen
»Mode, Schule der Frauen« (2007)
und »Die intellektuelle
Ehe« (2011).

HANNELORE SCHLAFFER

Die City

Straßenleben in der geplanten Stadt

zu Klampen   *Essay 2013*

Inhalt

Vorwort und Vorgeschichte

Die sprechende, die erzählte und die nichtssagende Stadt

DIE Stadt ist, wie der Stamm, die Familie, die Kultgemeinschaft, eines der grundlegenden und die Zeiten überdauernden Ordnungsmuster der menschlichen Gesellschaft. Man trug den Namen der Stadt so gut wie den seines Heiligen und seiner Familie, hieß Cusanus, da Vinci, de Poitiers, von Gandersheim. Noch heute schätzt sich ein Mensch anders ein, je nachdem ob er ein Berliner, ein Münchner oder ein Stuttgarter ist. Zumindest gibt es noch heute Städte, die eine »gute Adresse«, und solche, die eine »schlechte« sind. In Wolfgang Braunfels' Buch »Mittelalterliche Stadtbaukunst in der Toskana« (1953) erfährt man, dass in dieser frühen Epoche die Stadt wie ein Haus verstanden wurde, an dessen Errichtung alle Bürger mitarbeiteten, so wie Familienmitglieder heute bei einem Umzug anzupacken haben. »Die Vorstellung sah in ihr [der Stadt] zu jedem Zeitpunkt ein einheitlich errichtetes, hochaufragendes Bauwerk, in dessen planvoller Gestaltung sich ein hoher und ideeller Gedanke spiegelt.« Das Stadtgebilde war so kompakt, dass es, wie Siena, einem Heiligen in die Hand gegeben werden konnte. »Haec est civitas mea« – lautete die Unterschrift unter den Tafeln solcher Stadtheiligen. Noch auf den Stichen von Matthäus Merian nehmen sich Städte aus wie Dinge, die durch die Mauer definiert sind, wie die Nuss durch die Schale, der Mensch durch seine Haut. Bis in die jüngste Gegenwart reicht dieses Wissen von der Bedeutung der Stadt für die menschliche Existenz. »Zu den ältesten Ruhmestaten des Menschen gehört, dass er ein Stadtgründer ist. [...] auf Münzen wird oft der Herrscher als solcher dargestellt. Dies also war gleich wichtig wie die Veranstaltung einer Feldschlacht.« (Wolf Jobst Siedler, »Die gemordete Stadt, Abgesang auf Putte und Straße, Platz und Baum«, 1964)

Keine Stadt von heute wäre noch einem Heiligen in die Hand zu legen, und nicht etwa deshalb, weil aus Gotteskindern Stadtkinder geworden sind. Der Fall der Stadtmauer bewirkte die Säkularisation der Stadt. Mit ihr verliert sie ihre dingliche wie ihre spirituelle Wesenheit. Sie kann nicht mehr als Haus, sie muss als soziales Gebilde beschrieben werden. Die Aufmerksamkeit richtet sich von der gebauten Stadt, die Symbol und Machtzentrum war, auf die Bewohner. Von nun an ist die Stadt die schönste, von der am meisten erzählt wird.

Diese Stadt ist Paris. Ein heftiger Kampf tobte um seine Mauern. Sie waren jedoch nicht etwa gegen bewaffnete Feinde zu verteidigen. Zuwanderer vielmehr, die sich in der Stadt Erlösung von ihrer Armut erhofften, sprengten sie. Die Mauern wurden immer weiter hinausgeschoben, es wurden neue errichtet, und endlich fielen sie ganz. Heute erinnern nur noch die Boulevards (der Begriff leitet sich von »Bollwerk« her) an diese Epoche, in der sich die Stadt als Haus zur Stadt ohne Tür und Tor verwandelte. Dieses Gebilde war nicht mehr mit einem Blick zu erfassen, sondern nur noch durch viele Worte zu beschreiben. Louis-Sébastien Mercier (1740–1819) schuf eine neue Gattung der Literatur, Notizen über das städtische Leben, vergleichbar dem Notebook des heutigen Ethnologen, die er 1781 als »Tableau de Paris« publizierte. Er entdeckte den Menschen als soziales Wesen und die Stadt als soziale Organisation. Die Ethnologie begann im Innern der Gesellschaft, auf dem Terrain der Stadt, wo sich Einwohner, Zuwanderer und Besucher zu einer bis dahin unbekannten Einheit vermischten, die es zu studieren galt. Von da an bis in die Mitte des 20. Jahrhunderts hinein wurde die Stadtbeschreibung ein wesentlicher Bestandteil des metropolitanen Selbstbewusstseins, auch in Deutschland, wo Literaten Städte wie München und Berlin nach dem französischen Vorbild darzustellen suchten. Die Stadt ohne Mauern wurde zur Stadt mit dem interessanten Straßenleben.

Mercier, der erste Memoirenschreiber der Stadt, erklärt es ausdrücklich zu seiner Absicht, gelebtes Leben der Nachwelt zu überliefern: »Ich werde von Paris reden, nicht von seinen Bauwerken, nicht von seinen Tempeln und Monumenten, seinen Sehenswürdigkeiten etc.: genug andere haben darüber geschrieben. Ich werde von den öffentlichen und privaten Sitten sprechen, von den herrschenden Ideen, von der gegenwärtigen geistigen Situation, von allem, was mich in diesem seltsamen Durcheinander von absonderlichen oder vernünftigen, aber immer wechselnden Gewohnheiten frappiert hat.« Sein »Tableau de Paris« erreichte die für jene Zeit unglaubliche Auflage von 100000 Exemplaren. Mercier begründet die Großstadtreportage, indem er Mensch und Umwelt, architektonische Struktur und lebendige Bewegung darin miteinander verband. Dabei lässt er kein *ruisseau*, keinen Rinnstein, keine *latrine publique* aus, beschreibt ebenso die Geruchsbelästigung für den Passanten wie Farbenpracht oder Elend ihrer Erscheinung. Die auf die Revolution zustrebende Gesellschaft verschlang diese neue Art von Literatur, denn sie hatte den Blick von den Herrschenden, von König und Kirche, ab- und dem Alltagsleben, also sich selbst, zugewandt. Die anekdotischen Feuilletons über die Stadt, die im 19. Jahrhundert aus Merciers Entdeckung hervorgingen und die Leser der Zeitungen auf unterhaltsame Weise mit sich selbst bekannt machten, haben den historisch bedeutsamen Ursprung dieser Gattung vergessen gemacht: ihr Bündnis mit Aufklärung und Revolution und ihren Beitrag zur Entwicklung eines demokratischen Selbstbewusstseins.

Dennoch hat die Erzählung die Stadt vom Lebensraum, wie Mercier ihn entdeckte, zum Lebenstraum werden lassen, den die Schriftsteller verklärten und den noch heute Touristen suchen. Seit dem 19. Jahrhundert war die Stadt literarisches Faszinosum und realer Schrecken zugleich. Die einen beschrieben den anonymen Passanten in der Masse, die Entwurzelung des Menschen in der Stadt, die Stadt als Moloch und Oger, als Sündenbabel und Börsenplatz. Andere wieder, und das waren nicht wenige, begeisterten sich für das Abenteuer der modernen Existenz, für Anonymität und Individualität des unbeaufsichtigten Lebens, wie es die Metropole erlaubte.

Balzac und Dickens begannen ihre literarische Karriere als Zeitungsschreiber mit sogenannten Physiologien, Charakterstudien jener Typen von Stadtbewohnern, die sie auf den Straßen antrafen: »Die Passanten«, so befindet Balzac in der 1846 im »Diable à Paris« erschienenen »Geschichte und Physiologie der Boulevards von Paris«, »sind Komödianten, ohne es zu wissen. [...] Sie lachen, lieben, leiden und lächeln, sie schneiden Gesichter, in denen Tiefsinn oder Hohlheit steckt. Man kann nicht über zwei Boulevards gehen, ohne einem Freund oder einem Feind zu begegnen, ein Original zu sehen, das zu lachen oder zu denken gibt, einen Armen, der nach einem Sous begehrt, einen Vaudevillier (Kabarettisten), der nach einem Sujet jagt.« Alle diese Erscheinungen erfasst die Physiologie in kleinen Porträts, die durch Humor, Spott, Satire die Bürger mit der ausufernden und daher beängstigen-

11

den Masse von Fremdem vertraut machte. Balzac beschreibt den Antiquitätenhändler, den Bouquinisten, den Rentier, den Beamten, andere Schriftsteller skizzierten den Studenten, den Schauspieler, die Kokotte. Auch Orte wurden physiologisch erfasst, wie etwa die »Cafés de Paris«. Franz Hessel, der nach diesem Vorbild Berlin beschrieb, nennt Paris »die Vorschule des Journalismus«. 1826 erschien Brillat-Savarins »Physiologie des Geschmacks«, die, obgleich sie von der Kochkunst handelte, als Beobachtung des alltäglichen Lebens auch die Aufmerksamkeit auf die Stadt anregte. Balzac bewunderte an Savarins Schrift den »saveur du style«, den »Geschmack des Stils«, und versuchte einen ähnlichen für die Stadtbeschreibung zu entwickeln. Ehe die Texte im Buch gesammelt wurden, waren sie meist in Zeitungen erschienen und wurden seither als Feuilletons im engeren Sinne verstanden. Zwischen 1815 und 1840 entstanden über 400 Bände dieser Art. Stadt war, was der *physiologue* beschrieb. Wo seine Feder stillstand, begann die Peripherie, für Balzac etwa an der Port St. Denis: »L'ennui vous y saisit [...] Il n'y a plus rien d'original«, konstatiert er in der »Physiologie der Boulevards von Paris«. Nicht die Mauer, der Literat bestimmte, was als Stadt zu gelten habe.

Wie der aus der Naturwissenschaft entlehnte Begriff andeutet, strebt die Physiologie eine Analyse des Straßenlebens an, sucht ein möglichst exaktes, geradezu wissenschaftliches Ordnungssystem zu entwickeln, nach dem sich jene Unbekannten, die sich dort zeigen, als notwendige Elemente beschreiben ließen für die Lebensweise des Organismus Stadt. Die Physiologien gaben dem Passanten im Chaos der Metropole eine Orientierung an die Hand. Im Unterschied zur Moralistik des 17. Jahrhunderts, der La Rochefoucaulds oder La Bruyères, von denen die Physiologen allerdings die Wachsamkeit auf gesellschaftliche Phänomene gelernt haben, waren die Stadtfeuilletons des 19. Jahrhunderts nicht mehr, wie noch Merciers »Tableau«, moralisch, sondern satirisch, wenn sie nicht überhaupt nur unterhalten wollten. In gespielter Bescheidenheit nennt Balzac den *physiologue* einen »rienologue«, einen Nichtigkeitensammler, manchmal schätzt er ihn aber auch als Botanisierer, der den »petits faits significatifs«, bezeichnenden Kleinigkeiten, auf der Spur sei, die für die Naturgeschichte der Gesellschaft bedeutsam sein könnten – und falls sie das sind, so steigt der Botanisierer in seiner Achtung sogleich auf zum »dieu de la bourgeoisie actuelle«.

Durch Stadtfeuilleton und Physiologie erhielt das Straßenleben eine bis dahin unbekannte Wichtigkeit. Selbst im französischen Roman wird die Straße zum Hauptakteur. Der geschulte – phantasievolle – Blick des Romanciers vermochte aus Gang und Miene das Geheimnis des Passanten zu erschließen und in eine Geschichte zu verwandeln. Ehe dieser literarische Beobachter seine Fähigkeiten entwickelt hatte, war die Straße nichts gewesen als eine

Schneise zur Fortbewegung; erst das 19. Jahrhundert entdeckte sie als exotischen Ort, an dem sich Wesen aufhalten, deren Rätsel es zu entschlüsseln gilt. Die Straße wird zum optischen Ereignis. Georges-Eugène Haussmann, der Paris zur Bühne für dieses Schauspiel umbaute, begründet die Breite und Länge der neu angelegten Boulevards damit, dass sich die einander begegnenden Menschen möglichst lange im Blick behalten konnten, »voir trop longtemps le même visage dans le même cadre«. Eine »perspektivische Aufhellung der Stadt« nennt dies Walter Benjamin. Die Glasvitrinen der Cafés, die Haussmann am Straßenrand vorsah, dienten dem Habitué als Stützpunkte seiner Beobachtungskunst. Der müßige Städter bezog dort seinen Posten als Ethnologe.

Die Literatur also war es, die Paris in den Rang der Stadt erhob, wie er zuvor nur Rom, dem antiken wie dem päpstlichen, zugekommen war. Rom und Paris galten, jede auf eigene Weise, dem kulturellen Europa als die Städte schlechthin und sind es bis heute geblieben. Die Gelehrten haben Rom in diesen Stand erhoben, die Schriftsteller Paris. Beide Metropolen erfüllen im Bewusstsein der Nachwelt unterschiedliche Funktionen von Stadt. Rom wird als Architektur gesehen, in der sich die sichtbaren Zeichen staatlicher Macht repräsentieren; in ihnen bewegt sich der Bürger als öffentliche Person. In Paris tritt der Mensch als Privatmann in der Öffentlichkeit auf. Schloss, Kirche, Justizpalast repräsentieren zwar auch hier den Staat, doch die leidenschaftlichere Aufmerksamkeit derer, die die Stadt in Worte fassten, richtete sich auf die Vergnügungsarchitektur des Bürgertums, seine Theater, Cafés, Kaufhäuser, Boulevards, Passagen. Diese Einrichtungen aber wären, anders als repräsentative Gebäude, des Interesses nicht wert, wären sie nicht belebt. Architektur und Mensch waren die Pole, zwischen denen sich die Reflexion über das soziale Muster Stadt bewegte (und auch in diesem Buch bewegen wird). In den sechziger Jahren des vorigen Jahrhunderts erschraken die Intellektuellen, die letzten Verfasser von Stadtmemoiren, vor der Kälte der neuen Architektur und der Stillosigkeit des Lebens, das diese hervorbrachte. Immerhin wagten sie es noch, ihre Klage über Wohnsilos und Konsumhöllen laut werden zu lassen – auch diese Klage ist inzwischen verstummt. Nur in Zeitungen wird manchmal, wie etwa im Feuilleton der »Frankfurter Allgemeinen«, Missmut über den Verlust der bürgerlichen Stadt vernehmlich.

Die Diskussion der sechziger und siebziger Jahre ging von Erfahrungen und Fehlentscheidungen beim Wiederaufbau der deutschen Städte aus, von Visionen einer neuen Ökonomie, neuer Verkehrsbewegungen und Arbeitsbedingungen. Auch die Kritik jener Jahre beobachtete den Menschen in der Stadt – diesmal aber einen anderen als das 19. Jahrhundert; sie interessierte sich nicht mehr für die Phänomenologie des Individuums, sondern für das soziale Subjekt und für die Gesamtheit der Stadtbewohner. Der Impressionismus des 19. Jahrhunderts, der Straßenszene an Straßenszene reihte und Original für Original beschrieb, wurde durch städteplanerisches Denken ersetzt, das sich auf soziale Ideen berief.

Einer der letzten Proteste gegen die moderne Stadt war Alexander Mitscherlichs Buch »Die Unwirtlichkeit unserer Städte« (1965), eine Mahnung an die Städtebauer der Nachkriegszeit. Auch Mitscherlich hielt am idealisierten Bild fest, welches Dichter und Journalisten von der Stadt des 19. Jahrhunderts gezeichnet hatten. Nicht zufällig entdeckte die Studentenbewegung, die sich an dieser Stadtkritik beteiligte, Walter Benjamin, dessen Studien den Traum in die schönsten Worte gefasst hatte. Benjamin, dieser Retter der Vergangenheit, ist das Komplement zu Mitscherlich, dem Kritiker der Gegenwart. Benjamins »Paris, Hauptstadt des 19. Jahrhunderts«, seine Notizen zum »Passagenwerk« und Mitscherlichs Buch, zu verschiedenen Zeiten entstanden, doch gleichzeitig gelesen, verhalten sich wie Traum und Wirklichkeit. Die Metropole des 19. Jahrhunderts lieferte das Ideal, die geplante und planlos wieder aufgebaute Nachkriegsstadt, die Mitscherlich im Blick hatte, verfehlte es gründlich – das war der Schluss, den man aus beiden Schriften ziehen konnte.

Heute begegnen sich beide Positionen in dem guten Willen, eine bürgergerechte Stadt zu bauen.

16

Zumindest behauptet jede Architekturplanung, das Glück der Menschen im Auge zu haben, und sie demonstriert dies auf jeder Computersimulation, die wieder ein neues City-Center, ein Bürohaus, eine »hochwertige« Wohnanlage anpreist. Die Visionen, mit denen die Stadtplanung wirbt, zehren noch immer vom Ideal der stadtkritischen Literatur des 20. Jahrhunderts. Die Architektursimulationen zaubern Menschen zwischen die neuen Bauten hinein und orientieren sich dabei an der Vielfalt der Typen, die sie aus der Stadtliteratur des 19. Jahrhunderts kennen. Die Figurinen sind ein bisschen modernisiert, eigentlich aber doch so wie sie Dumas' Mohican oder Benjamins Flaneur auch hätten begegnen können: markante Individuen mit starkem Auftritt. Wo Urbanität und Leben in der Innenstadt entworfen wird, schwebt immer ein Hauch Paris über dem Entwurf.

Diese Information für Bürger aber, die Stadtplaner sich zur Pflicht gemacht haben, läuft ins Leere. Die Planung obliegt nicht mehr, wie einst, der Stadt und ihren Verwaltern. Sie wird von Investoren dirigiert, die überregional agieren und sich nicht um die Individualität von Stadt und Stadtbewohnern kümmern. So kann es nicht verwundern, wenn alle Städte gleich aussehen und alle sich dort gleich zu verhalten haben. »Meine Stadt« wird so leicht kein Bürger mehr sagen, und er soll es auch nicht tun. Bewohner, die anssässig sind, stören Investoren nur. Das heutige Stadtzentrum ist ein

Knoten, in dem sich die Lebens- und Einkaufskraft des gesamten Umlandes bündelt, das mit der Stadt im übrigen wenig zu tun hat. Dieser Knoten, eben die City, ist bislang als eigenes stilbildendes Ensemble kaum wahrgenommen und bedacht worden.

Nicht nur in Deutschland, in der gesamten westlichen Welt setzt sich ein einheitlicher Stadtplan durch. Städtische Individualität und Tradition werden hinweggeplant, Denkmalpflege wird, wo sie sich dem angeblich guten Willen der Stadtplaner entgegenstellt, übergangen. Der »opulente Schein bei gleichzeitiger gewinnsteigernder Reduktion auf universelle Raster«, so bemerkt Dieter Bartetzko 2012 in der »Frankfurter Allgemeinen Zeitung«, »ist die aktuelle Variante des ›International Style‹ von Stockholm bis Melbourne.« Die Metropolen zerfallen immer deutlicher in zwei Zonen: ein Zentrum – das im folgenden »City« genannt werden soll – und die umgebenden Vororte samt dem Umland. Zu allen Zeiten hatte die Stadt mit Kirche, Rathaus und Markt die Funktion eines Mittelpunkts, die Einwohner selbst aber waren auf dieses Zentrum bezogen und prägten seinen Charakter, ganz anders also als heute, wo die Umlandbevölkerung der Agent des Straßenlebens ist. Die Stadtkritik der Nachkriegszeit spezialisierte sich deshalb gar nicht erst auf die Innenstadt, deren Charakter durch Jahrhunderte hindurch unverändert, unwandelbar und unzerstörbar geblieben zu sein schien. Die Unwirtlichkeit der Städte war immer die der Wohngebiete, und mit ihnen schien die Stadt als Ganzes ausreichend kritisiert. Die sich neu gestaltende Innenstadt blieb unbeachtet. Auch Wolf Jobst Siedlers Buch über »Die gemordete Stadt« bemerkt die Trennung zwischen City und Randzonen noch nicht und hofft, mit der Kritik des Wohnungsbaus eine Analyse der Stadt an sich geleistet zu haben. Das Verhältnis Zentrum – städtisches Umland aber ist ein strukturbildendes Merkmal der gesellschaftlichen Öffentlichkeit von heute.

Die City ist zum Tummelplatz mit Großstadtgefühl für den Großraum der Region geworden. City – das ist ein Energiezentrum, das kein Leben außer sich duldet und jedes Umfeld auszehrt. Vororte und Kleinstädte im Umkreis werden zu Zonen der Regeneration heruntergebracht, auch wenn Investoren dort »Nebenzentren« anlegen, die sie als »Stadtteilzentren«, »Ladengruppen« oder »Nachbarschaftszentren« in alte Ortsteile einpassen, und vorgeben, damit etwas für die Lebendigkeit des Viertels getan zu haben. Lebenslust, wo sie sich regt, muss sich von Vorstadt und Umland hinwegbegeben: entweder, imaginär, ins Internet, oder, in der Wirklichkeit, auf Reisen, deren alltäglichste Variante die Fahrt in die City ist. Diese Reise ist zu einem der notwendigen gesellschaftlichen Rituale geworden, denn es hält, das wird sich zeigen, die City in Gang.

Dabei macht sich die Gesellschaft angeblich ernste Sorgen um die Gestaltung der Innenstadt. Stadtverwalter und Architekten pochen auf die soziale Verantwortung, die sie bei ihrer Planung leite. Alle Stadtplanung bemüht sich um den Menschen und sein Dasein in der Stadt. Der Soziologe Hartmut Häußermann etwa bezeichnete 1997 Urbanität als »eine Lebensweise, eine Geisteshaltung, eine zivile Kultur mit entsprechenden Verhaltensstandards«, und Ingo H. Warnke verpflichtete in »Die Stadt als Kommunikationsraum und linguistische Landschaft« (2011) die Planer dazu, eine »gesellschaftliche Praxis der Relationierung von Raum und Körper« zu ermöglichen. Über das Ergebnis allerdings, über die gebaute und genutzte Stadt und den Körper in ihr verlieren Stadtplaner kein Wort mehr. Die Straßen der Innenstadt sind belebt, das genügt ihnen zur Rechtfertigung, denn, so bemerkt Dieter Frick zufrieden in seiner »Theorie des Städtebaus« (2011), »je mehr Leute auf der Straße sind und je länger, umso mehr Begegnungen und Kontakte (›soziale‹ Aktivitäten) kommen zustande«, desto gelungener also sei die Planung. »Kommunikation« gilt für die Planer als »Daseinsgrundfunktion«, die sich mit dieser Forderung gegen Le Corbusiers Charta von Athen und die kalte Hochhausplanung wenden. Unterdessen bleiben die Straßen der Vororte dennoch tot; das kümmert keinen Investor und nicht einmal die Bewohner selbst. Auch der intellektuelle Kritiker von einst entzieht sich der Verantwortung und entschließt sich, das Stadtzentrum zu ignorieren. Er sieht nur die Quartiere und Kieze, in die er sich zurückzieht.

Sie stattet er mit den Restposten des alten Stadt-
traums aus. Allerdings holt auch ihn dort die Wahrheit der gegenwärtigen Stadtplanung ein: Schnell
spüren Touristen seine Zuflucht auf und jagen ihn
von einem Asyl zum nächsten.

Die traditionelle Stadtbeschreibung ist unter-
gegangen, Stadtbild und Stadtleben sind uninter-
essant geworden für Leute, die schreiben, und so
findet die Stadt keinen Weg mehr in die Sprache.
Erlebnisberichte von Schriftstellern aus der Großstadt, aus Berlin etwa, die die Stadt als persönliche
Stimmung erfahren, gehören nicht mehr dem ana-
lytischen Genre des traditionellen Stadtfeuilletons
an. Nur sehr blass erscheint in diesen Erzählun-
gen die Stadt als soziales Muster hinter dem persönlichen Erlebnis: Die Fahrt mit der S-Bahn, das
Herzklopfen beim Besuch der Freundin, das Streit-
gespräch mit ihr im Bistro übersehen die Physio-
gnomie anderer Stadtbesucher und können nicht
als Analyse des Stadtlebens angesehen werden.

Überhaupt sind Geist und Geld aus der Stadt
ausgezogen. Es gehört zum Image der gesellschaft-
lich Bevorzugten, die Innenstadt zu verachten.
Laut verkünden sie dies und mit Stolz. Angeblich
treffen sie dort nur auf Proletarier, Touristen, Mi-
granten, Gammler und Hässlichkeit. Der soziale
Hochmut entstammt gerade der Funktion, die sie
einst in der Stadt hatten: Sie waren jene markanten
und namhaften Persönlichkeiten gewesen, über die
geredet wurde. Die Erzählung von persönlichen

Begegnungen und Erlebnissen in der Stadt waren der Humus, auf dem die Stadtbeschreibung gedieh. Heute gibt es nur eine Ausnahme unter den sonst von der Elite verschmähten Städten: München. Die Bevölkerung liebt ihre Stadt in den lokalen Stars, sie hat Straßen, auf denen Bekannte einander begegnen, so dass der Einzelne erzählbare Erfahrungen nach Hause und zu seinen Freunden mitbringt. Nicht zufällig ist die Münchner Maximilianstraße die letzte Bastion, gegen die sich auch der neueste, reichlich verspätete intellektuelle Tadel richtet: Elfriede Jelineks Theaterstück »Die Straße. die Stadt. der Überfall« über diese Straße, auf der selbst der Hund des ermordeten Lokalheiligen Moshammer noch eine Rolle spielte.

In anderen Städten bewegt sich der Besucher in einer ihm unbekannten Menge von Leuten, über die es wenig zu sagen gibt. Diese Menge, die aus den Vororten kommt und die Stadt offensichtlich gerne besucht, weiß, dass jeder sich vorher um seine Begleitung selbst zu kümmern hat, damit er sich nicht vereinsamt fühlt. In die City reist man mit Freunden oder in Trupps. Für Andrang und Überfüllung ist daher gesorgt, und dies lässt, trotz der Verachtung, die die geistige und finanzielle Oberschicht ihrer Stadt entgegenbringt, auf eine euphorische Begeisterung für das schließen, was neu als City erdacht und geplant wird.

Gerade aber kündigt sich ein neues Verhältnis zur City an. Die Euphorie, die so viele in die Stadt lockt, wird in jüngster Zeit gedämpft durch die Angst vor dem Untergang: Auf einmal taucht das Internet als Feind der City auf. Die Möglichkeiten des Online-Handels, das Outsourcing von Dienstleistungen ziehen, so fürchten Investoren und Stadtväter, die Aufmerksamkeit von der City ab, technisch erzeugte Bilder auf dem Handy, dem PC, dem E-Book lenken den Blick von der Wirklichkeit der Straße weg. Da ist es wichtig, dass die Stadt nicht nur architektonisch überarbeitet wird. Wenn, wie es sich seit Jahrtausenden bestätigt, die Stadt ein wesentliches Organisationsmuster der menschlichen Gesellschaft ist, dann kann dies Biotop nicht aufgegeben werden. Noch immer verschafft die Stadt jedem Unternehmen, das sich dort niederlässt, einen Namen, jedem Bewohner einen Rang, jedem Besucher einen Traum. Zur Stadtplanung gehört deshalb nicht nur die Architektur, sondern auch der gute Ruf. Er entsteht heutzutage nicht durch Geschichte und spontane Lebensenergie, wie einst der von Paris. Eine künstlich hergestellte Attraktivität ist eines der wichtigen Mittel, eine Stadt am Leben zu erhalten, und diese ist es wert, analysiert zu werden.

Über die Planung von Gebäuden und Straßenführungen muss nicht mehr geredet werden. Das heutige Straßenleben vielmehr soll Aufschluss geben über Strategien und Taktiken, die die City steuern. Ein Blick auf die Menschen, die sich in ihr bewegen, erkennt die Symptome des Zeitgeistes, der diese neue Stadt entstehen ließ. Unter der architektonischen Planung einer Stadt läuft eine zweite Stadtplanung einher, nicht unabhängig zwar von dieser ersten und gut sichtbaren, aber mit anderen Taktiken. Durch sie werden Verhaltensweisen, Gefühle, Sinnesreize derer, die sich in der Stadt aufhalten, mehr gelenkt als durch jede architektonische Planung. Ursprung und Absicht dieser anderen Stadtplanung bleiben ungesagt, Beobachtung und Kritik müssten sie erst ausfindig machen. So kann die Art, wie Menschen mit Waren umgehen, wie sie auf den Straßen sitzen, mehr über ihr Verhältnis zu Stadt und Gesellschaft aussagen als alle gutwilligen Versprechungen von Architekten und Investoren. Um diese andere, diese zweite Art von Stadtplanung, um die geheime Steuerung von alltäglichen Verhaltensweisen, soll es im folgenden gehen.

Der Flaneur, einst Ethnologe, hat deshalb auch zugleich Soziologe zu sein. Die Beschreibung und Analyse der Symptome erfasst zunächst die Verabschiedung traditioneller Lebensstile (was der Beschreibung einen Zug von missmutiger Nostalgie verleihen mag), dann die Entstehung neuer Möglichkeiten des Glücks für eine große und auf gleiche Weise behandelte Menge von Menschen. Das Subjekt des Stadtfeuilletons war der einzelne Passant, nun muss sich die Frage nach der anderen Stadtplanung auf die Menge der Stadtbesucher richten. Diese Menge allerdings war und ist es auch, die dem Intellektuellen das Wort aus dem Mund, die

Feder aus der Hand genommen hat, denn er interessierte sich nur für Einzelfälle. Die Menge ist kein poetischer Gegenstand, sie ist ein soziologisches Phänomen. Anders aber als die Masse des 19. Jahrhunderts ist sie der Garant dafür, dass die City funktioniert. Mit der vergleichenden Analyse der Masse des 19. Jahrhunderts und der Menge des 20. und beginnenden 21. Jahrhunderts endet daher die Symptomatik der neuen City.

City – was ist das?

NOCH nie wurde über Stadtplanung so viel geschrieben und gesprochen wie heutzutage. Jedes
neue Bauprojekt der Innenstadt muss durch einen
Wettbewerb entschieden werden, die Jury, die ihr
Urteil im Sinne der Auftraggeber fällt, soll dafür
sorgen, dass die Stadt zu einer architektonischen
Ausnahme an Schönheit und Annehmlichkeit werde.
Die preisgekrönten Objekte, der Öffentlichkeit durch
Modelle und Computersimulationen vorgestellt, erwecken denn auch den Eindruck, dass sie dieses Ziel
voll und ganz erreichen werden.

Der Entwurf steht auf der Simulation da als luf-
tiges Gebilde in himmlischem Licht, seine Farben
sind, ob es sich nun um ein gemauertes Gebäude
oder einen Büroturm mit gläserner Curtain Wall
handelt, in die milden Töne des Frühlings getaucht;
lindgrün ist bevorzugt und wird durchsetzt von
zartgelb, hellgrau und himmelblau – alles hat den
Schimmer von Jungfräulichkeit. In der Umgebung
des Gebäudes halten sich nur schöne Menschen auf,
die von seinem Leuchten angezogen sind und in der
Luft baden, in der es schwebt. Diese Figurinen lassen sich in der Aura der Architektur nieder auf fili-
granen Stühlchen, sie flanieren über einen geräumi-
gen Platz vor der Fassade; die elegante Erscheinung

einer schwarzhaarigen jungen Frau ist unverzichtbar in diesem imaginären Ambiente, auch der Geschäftsmann im Herrenanzug fehlt nie, ansonsten braucht es noch einige wohlgestalte Passanten, ein paar Kinder, einen kleinen Hund. Sie alle bewegen sich in freiem Spiel umeinander, scheinen einander zu sehen, zu kennen, zu schätzen, nie aber zu belästigen; sie haben zu tun, aber es strengt sie nicht an; sie haben Geld und müssen es sich nicht verdienen. Die Zeitungen der Stadt stellen diese Entwürfe vor, und sie finden allgemeine Anerkennung bei der Bevölkerung, da ihr die Simulation unter all den sonstigen Katastrophenmeldungen so hoffnungsvoll erscheint wie der aufgehende Tag.

Sehen *so* unsere Städte wirklich aus? Was wird aus der Verführung, die sich Modell nennt, was aus dem schönen Schein, sobald die Architektur errichtet ist und die Menschen sie in Besitz genommen haben? Nicht nur die wasserfarbenen Gebäudefronten der Simulation sehen anders aus, wenn sie nun fest gemauert auf der Erde stehen. Auch die wenigen schwebenden Menschen haben sich vermehrt und erscheinen als die Menge, derer es bedarf, damit die neue Anlage jene höchste Auszeichnung erhält, die Stadtväter zu vergeben haben: »Akzeptanz«. Bei jeder Stadtplanung ist dies die erste Forderung; ihre Erfüllung wird aber fast immer nur quantitativ gemessen, und in diesem Sinne ist Akzeptanz in allen überfüllten Großstädten Deutschlands garantiert.

Das Architekturmodell mit großem, freiem Raum um sich herum und seine gelebte, erlebte Überfüllung durch Menschen, der schöne Schein und die große Zahl verschaffen Baumeistern und Stadtvätern den Eindruck, ein gutes Werk getan zu haben – und sie wiegen sich in keinem Irrtum. Stadt muss heute hergestellt werden, konstatiert Hartmut Häußermann, »von selbst stellt sich Stadt nicht mehr her«. (»Amerikanisierung der deutschen Städte?«) Der tägliche Zustrom zu den Großstädten bestätigt die Planer. Das Straßenleben dort, die vielen Cafés, Bistros, die Waren hinter glänzenden Fassaden, das unentwegte Ein und Aus durch die von Geisterhand geöffneten Türen der Warenhäuser, sommerliche Szenen mit Faulenzern in den Parks, die nächtliche Bummelei der Jugend, herumschlurfende Reisetruppen, Freunde, die sich in Kneipen vor dem Fernsehapparat treffen, und das Public Viewing der Menge auf zentralen Plätzen, die legere Kleidung aller an allen Tagen und vor allem an den Abenden zeigen einen Bürger, der sich in seiner Stadt so bequem und so nachlässig eingerichtet hat wie in seinem Wohnzimmer.

Die Stadt der Gegenwart ist, anders als die des Mittelalters, eine fabrizierte Stadt. Ihre Gestalt geht nicht aus der Organisation und den Bedürfnissen der Bewohner hervor. Vielmehr ist sie von Unternehmern geplant, die in den meisten Fällen nicht an die Stadt gebunden sind und wenig mit ihren Einwohnern zu tun haben. Die Gebäude der überregionalen Firmen sind nach einem Modell entworfen, das jedem beliebigen Ort leicht anverwandelt werden kann. Das beschränkt die Phantasie dieser Architektur, löscht das individuelle Stadtbild aus und ersetzt einmalige historische Gebäude durch genormte Blöcke.

Den Simulationen der Architekten stehen, wenn die Entwürfe Wirklichkeit geworden sind, selten Fotos vom Leben gegenüber, das dort stattfindet. Vollkommenes Glück braucht offensichtlich kein Abbild. Als Pendant zur Simulation des Modells entsteht statt einer Aufnahme des Straßenlebens ein Architekturfoto für Prospekte und Bildbände. Auf ihm stellt sich das Werk dar in monumentaler Pracht. Moderne Architektur ist fotogen. Selbst Zement belebt sich auf Hochglanzpapier, um wie viel mehr die Glasfassaden, die hohen Hallen der City-Center oder Hotels mit den gegeneinander laufenden Rolltreppen, den Palmen, die, da nicht pflegeleicht, auch nicht lange darin stehen werden, und den Wasserbecken, die, da schwer zu reinigen, nach wenigen Wochen trocken bleiben. Die Beweglichkeit des Fotoapparats, der sich von allen Seiten und aus jeder Höhe auf das Gebäude richten lässt, macht auch das langweiligste noch zu einem verwinkelten Geheimnis, zur fröhlichen Variante von Piranesis Carceri. Der spektakuläre Anblick des Gebäudes ist für die Selbstdarstellung der Investoren und Stadtväter in Wahrheit wichtiger als die Akzeptanz durch die Bürger. Architekten legen – auch wenn Klaus

Humpert in einem Gespräch mit Eike Becker zugibt, dass man »als Stadtplaner [wohl auch ob der Sparsamkeit der Kommunen] mit Mittelmaß rechnen« muss – nicht selten ihre Bauwerke auf Fotografierbarkeit an – mit gutem Grund, denn Bekanntheit bei reiselustigen Touristen erreicht Architektur vor allem durch ihre fotografische Reproduktion.

Im Bildband, der das fertige Gebäude zeigt, gibt es, anders als auf seiner Simulation, kaum mehr wirkliche Menschen; diese scheinen nicht fotogen zu sein. Wenn der Bau steht, geht es nur noch um seine eindrucksvolle Erscheinung. Stadtplaner und Bauherren scheinen es mit Kaiser Augustus zu halten, der sich zufrieden über sein Lebenswerk Rom äußerte: »Ich habe eine Stadt aus Ziegelsteinen vorgefunden und eine aus Marmor hinterlassen«. Auch wenn es heute eher Glas ist, was blendet, so ist es doch die gebaute Stadt, nicht der Mensch darin, die den Planer erfreut. Eine Aufnahme dessen, was um den Bau herum geschieht, würde dessen Attraktivität herabsetzen. Fotografien von Szenen des realen Alltags gehören einem anderen Genre an: der Romantik des Unvorhergesehenen, wie bei Cartier-Bresson, oder der Satire des törichten Daseins, wie sie Martin Parr wagt.

Die Bildbände mit architektonischen Glanzleistungen sollen in diesem Buch durch Erfahrungsberichte ergänzt, ja widerlegt, das Stadtleben gegen die Stadtplanung verteidigt werden. Bilder des Straßenlebens sollen die utopischen Träume von

Schönheit und freier Bewegung in Frage stellen, die Planung und Theorie für die Stadt versprechen. Im Unterschied zur Architekturfotografie, die den Bau nach seiner Fertigstellung von vorne, von hinten, oben und unten aufnimmt, bewegt sich das Stativ des schreibenden Beobachters nur auf Straßenniveau, auf einer Ebene mit den Passanten und von Angesicht zu Angesicht mit ihnen. So entsteht das wahre Gesicht der Stadt in einer Architektur, die nichts im Sinn hat, als ihr Gesicht zu wahren.

Innerhalb der architektonischen Solitäre, die sich in Simulation und Fotografie so gut ausnehmen, entsteht ein neuer Lebensraum, der den Namen »City« trägt. Dies ist kein modischer Anglizismus für das, was früher Innenstadt oder Altstadt hieß. City bezeichnet eine Novität, ein so noch nie dagewesenes Ensemble aus Architektur, Verkehr und Menschenansammlung. In Deutschland liegt die City meist noch immer am Ort der alten Innenstadt, doch wurde diese bis zur Unkenntlichkeit überformt durch das neue City-Leben, das in ihr stattfindet, durch die Architektur, die hinzukam, und durch die neuen Arten der Nutzung von Straße und Platz. Die moderne City hat zudem Auswirkungen auf alle Lebensräume, auch wenn sie, wie die Vororte und Städte des Umlandes, nur locker mit ihr verbunden sind. Die geographische Definition als »Zentrum«, als »City« ist von Bedeutung für Gestik und Lebensgefühl derer, die sich, und sei dies nur gelegentlich, in ihr aufhalten.

Was hier als City beschrieben werden soll, ist vorwiegend ein deutsches Phänomen, wenngleich sich zögernd der City-Charakter europaweit entwickelt. Die Zerstörung durch den Zweiten Weltkrieg hat die deutschen Städte dazu prädestiniert, das Phänomen deutlicher und früher spürbar zu machen als andernorts. Die Zerstörung zwang zu neuen Bauten, die Bauten erzwangen neue Verhaltensweisen. Die alten Gebäude und Straßen von Paris hingegen bewahren bis heute ein Leben, das an frühere Jahrhunderte erinnert, zumal der touristische Gewinn, den die Kulisse abwirft, zu einer künstlichen Konservierung überholter Einrichtungen und Lebensstile führt. In Paris bröckeln die Fassaden, Fensterscheiben klirren im vierspurigen Autoverkehr der Boulevards. In Deutschland würde man sich, hätten solch altertümliche Mietpaläste den Krieg überstanden, längst zum Abriss entschlossen haben. Der Charme aber, der die Fremden nach Paris lockt, stärkt das Selbstbewusstsein der Einwohnerschaft, die, wie am wackelnden Fensterrahmen, an der klappernden Fensterscheibe, auch am alten Straßenleben festhält. Um Paris zu einer Stadt zu machen, die »hergestellt« ist, bräuchte es einiges an zerstörerischer Energie. Die voranschreitende Moderne und ihre geplante Stadt hat man deshalb zum alten Paris hinzuaddiert, in eigenen Vierteln am Rande der feudalen und bürgerlichen Metropole, im futuristischen Ambiente etwa von La Défense.

Verwaltungszonen wie La Défense wären den Financial Districts der amerikanischen Metropolen zu vergleichen. Diese sind Bürostädte, die Leben, Freizeit, Müßiggang nicht vorsehen. Solche Viertel liegen in Europa meist, wie eben La Défense oder der Verwaltungsbezirk von St. Pölten, an dem die bedeutendsten Architekten gebaut haben, am Rande des alten Zentrums. In der deutschen und europäischen City aber, die sich am Ort der alten Innenstadt entwickelt, gibt es ebenso viel Straßenleben wie Büroarbeit, ebenso viel Geschäftigkeit wie Geschäft. Man schlendert nicht an der Wall Street, wohl aber in Fleet Street oder in Leadenhall Market in der Nähe der Bank of England. In außereuropäischen Financial Districts hingegen wird alles Straßenleben von Malls und Plazas einkassiert, die sich im Sockel, oft gar im Souterrain der Hochhäuser einquartiert haben. Die Nase auf dem Boulevard in die Sonne zu strecken oder dort bei Minusgraden in Decken gehüllt zu sitzen, wäre im Financial District außereuropäischer Metropolen undenkbar. Warenhaus und Plaza bestimmen zwar mittlerweile, umstrukturiert und zusammengefasst zum City-Center, auch die europäische Stadt, doch laufen durch diese Center die Straßen und das Straßenleben hindurch. Die europäische Stadt bestimmt sich aus ihrem Charakter als Arbeitsplatz *und* Freizeitraum, als globaler Standort *und* Tummelplatz der einheimischen Bevölkerung. Das Leben ist hier noch ein wenig mehr als nur die Verschnaufpause gehetzter Geschäftsleute.

Es wäre aber falsch, die »hergestellte« deutsche Stadt als reine Kriegsfolge anzusehen. »Collage-Städte«, solche, in denen alte und neue Viertel, alte und neue Gebäude nebeneinander stehen, gibt es in allen Ländern. New York wurde nach dem Krieg gern als Beispiel für das Nebeneinander einer neugotischen Kirche und eines Wolkenkratzers zitiert, und dies sollte die deutsche Nachkriegszeit über die erzwungene Stilmischung, die beim Wiederaufbau entstand, hinwegtrösten. Das moderne Hochhaus vor allem entpuppte sich beim Wiederaufbau in Deutschland als Notwendigkeit und Leitbild, zugleich aber auch als eines der großen Probleme der Stadtplanung. Die alte deutsche Stadt hatte eine einheitliche Trauflinie. Durch die Hochhäuser wurde diese sprunghaft. Das Problem, wie weit die Unruhe im Stadtbild gehen dürfe, entwickelte sich zum Streitfall zwischen alten Einwohnern und neuen Nutzern. Außer in Frankfurt entschieden sich die Städte meist für eine moderate Lösung, um zwischen Bürgerstadt und Bürostadt, zwischen alter Trauflinie und dem Höhenflug neuer Verwaltungs- und Konsumgebäude zu vermitteln.

Das Leben, das sich heute durch die City bewegt, spielt sich auf einem Kampfplatz ab. Die Landnahme auf dem teuren Boden der Innenstadt hat keine blutigen Folgen, tobt aber dennoch als heftiger Territorialkrieg. Wer heute ein Stück Boden in der Innenstadt erobert hat, besetzt es sofort mit einem möglichst großen Heer von Angestellten und schichtet diese Stockwerk für Stockwerk übereinander. Die Höhendimension zeichnet die Innenstadt als City aus, die Silhouette ist ihr Statussymbol; Frankfurt mit seinen Hochhäusern wird in Deutschland als das Paradebeispiel einer stolzen Selbstdarstellung bewundert. Für die moderate Lösung mit halbhoher und halbgeschlossener Trauflinie haben sich Berlin, München, Stuttgart, Hamburg entschieden. Hier sind vor der Innenstadt eigene Bürostädte mit hohen Verwaltungsbauten und einem Gran Privatleben in einem prozentual exakt errechneten Anteil von Wohnungen entstanden. Was in New York in der City selbst geschieht, das sprunghafte Nebeneinander von niedrigen alten und neuen hohen Häusern in der sogenannten »Collage-Stadt« und was Frankfurt übernommen hat, liegt in den anderen deutschen Großstädten meist in zwei Zonen nebeneinander. Die spitzwegische Altstadt war höchstens aus der Vogelperspektive ganz zu überblicken gewesen; die City hingegen, sofern sie das Ideal einer belebten Konsum- und Bürostadt erfüllt, rückt sich schon von weitem in den Blick, und jeder Grundbesitzer dort reckt sich mit einer anderen architektonischen Merkwürdigkeit aus der Umgebung seiner Konkurrenten empor. Die Silhouette ist das erste und markanteste architektonische Merkmal der City.

Diese Silhouette aber spiegelt sich noch einmal nach unten und durchbricht den harten Asphalt, auf dem sie errichtet ist: Je höher die Häuser über der Erde, desto tiefer reichen die Substruktionen des Verkehrs, der sie verbindet, in den Untergrund hinab. Anders als bei der Trauflinie beteiligen sich alle großen deutschen Städte an diesem unterirdischen Stadtausbau. Immer häufiger speisen unterirdische Bahnen das System Innenstadt. Die Menschen, die die Stadt bevölkern, leben – von einem geringen Prozentsatz abgesehen – nicht in ihr; sie werden herangefahren. In der alten europäischen Stadt und auch noch in den Metropolen des 19. Jahrhunderts bestimmten die Einwohner das Straßenbild. Sie gaben der Stadt ihren Charakter, den zu studieren wenige, privilegierte Bildungsbürger angereist kamen. In der heutigen City ist die Zahl der Besucher höher als die der Bewohner, denn Stadtbahnen und Autos schaffen alltäglich die Bevölkerung aus dem Umland heran. Die Wege und Plätze sind voll von Menschen, die von außen in die Stadt hereinkommen – von Berufstätigen am Morgen und tagsüber von Konsumenten und Touristen. Dem neugierigen Reisenden begegnet in der City eine Region, keine Stadt.

Die mittelalterliche Stadt war ein »Haus«, dessen geschlossene Gestalt von innen her erdacht und entworfen war, die Stadt des 19. Jahrhunderts eine festliche Anlage, die sich wenigen Gästen öffnete. Demgegenüber ist die City ein offener Raum, der täglich neu gefüllt werden muss und die Tendenz hat, täglich weiter ins Umland auszugreifen. Diese Entwicklung zur besuchten Stadt, in der gearbeitet,

37

eingekauft, aber nicht gewohnt und gelebt wird, bereitete sich in der Nachkriegszeit vor durch die Planungen für eine autogerechte Stadt. Auch damals schon wurden die Straßen von außen nach innen gelenkt und Besucher aus dem Umland ins Zentrum gelockt. Der Ausbau des S-Bahn-Systems ist eine der wichtigsten Aufgaben der Stadt- und Regionalverwaltung – und bindet nicht nur Vororte, sondern auch kleinere selbständige Kommunen an die City an. Innen*stadt* ist diese Organisation eigentlich nicht mehr zu nennen. Eine City entsteht als Sammelbecken einer Region, eigentlich ist sie nichts als ein riesiger Bahnhof; die alte Stadt leiht diesem nur ihren Namen. Investoren fragen nicht mehr nach der Einwohnerzahl der Stadt, sondern nach der ihres Einzugsgebietes. So gelten kleinere Großstädte gleichviel wie Millionenstädte, wenn sie ein dichtbesiedeltes Umland haben, Stuttgart etwa so viel wie Hamburg und München. Die Anreisenden tauchen – da auch immer mehr Parkhäuser unter die Erde verlegt werden – aus dem Untergrund empor, bevölkern die Straße oder verschwinden als Angestellte in den Hochhäusern. Man möchte sagen: City, das ist ein Prachtbau mit S-Bahn-Souterrain, Straßen-Parterre und vielen Stockwerken Büro-Beletage. Die City hat, im Unterschied zur traditionellen europäischen Stadt, die die Menschen horizontal auf Plätze und Straßen hinlenkte, eine vertikale Ausrichtung. Die Rolltreppe charakterisiert sie mehr als Straße und Platz. Frankfurts Stolz ist die längste Rolltreppe Europas: 48 Meter steigt sie im Einkaufscenter »MyZeil« empor und verteilt die Besucher in übereinander geschichtete Läden, Fitness-Centers, Cafés und Bistros. In der City schaut man den Menschen mehr auf den Scheitel als ins Gesicht.

Die Vertikalstadt, die City eben, hat dennoch eine genau bestimmbare horizontale Grenze. Auch sie wird durch das, was unter der Erde geschieht, festgelegt. Die Besucher legen den Radius der modernen Innenstadt fest, sie bestimmen, wie groß ihre Ausdehnung sein soll. Die Grenzen der City liegen in genau jenem Bereich, in dem die höchste Zahl an Fahrgästen aus den Bahnen aus- und in die Stadt emporsteigt. In jeder City gibt es eine Stammstrecke, auf der sämtliche U- und S-Bahnen zusammen- und eine längere Zeit hinter- oder nebeneinander her fahren. Diese Stammstrecke bezeichnet die Ausdehnung der City, denn hier steigen Fahrgäste aus allen Orten des Umlandes aus. Der Hauptbahnhof stellt im allgemeinen das eine Ende dieses Areals dar; hier beginnen Stammstrecke und Konsumstadt: Sie dehnt sich einige Kilometer weit mitten in der Stadt aus, in München bis zum Marienplatz, in Stuttgart bis zur Station Rotebühlplatz, in Frankfurt bis zur Konstablerwache. Millionenstädte freilich können mehrere Zentren mit City-Charakter haben. Deshalb ist Berlin nicht eindeutig in der Definition »City ist gleich Stammstrecke der S-Bahn« unterzubringen. Vom Potsdamer Platz dehnt sich eine City bis zur Friedrichstraße aus, eine andere liegt am Bahnhof Zoo und reicht den Kurfürstendamm hinauf, eine dritte hat sich um den Alexanderplatz herum entwickelt. Metropolen haben mehrere Viertel und Quartiere mit eigenen Zentren, die zum Teil noch einen alten Lebensstil bewahrt haben. Je altertümlicher er ist, desto schneller wird er vom Tourismus überschwemmt. Kulturvermittler und Reiseunternehmen entdecken schnell noch erhaltene Lebensräume und zerstören sie durch die Fremden, die sie massenhaft dorthin lenken. Auch in Paris entwickelte sich so auf der Strecke der Metrolinie 1 zwischen Hôtel de Ville und Louvre eine Zone mit Citycharakter, die im oberen Teil mit den Billigkaufhäusern der einheimischen Bevölkerung, im unteren Teil vor dem Louvre den Touristen gehört.

Was früher Stadttore waren, sind heute U-Bahnhöfe, durch die man nicht von außen, sondern von unten in die Stadt eindringt. Sie gibt es, anders als die Tore, nicht nur an vier Punkten der Stadtmauer. Vielmehr ist die City von Haltestellen übersät, denn die Menschen sollen in ihr gut verteilt werden. Die Bahnhofausgänge kümmern sich daher nicht um schöne alte Gebäude oder stille Plätze. Sie können ihre Fahrstühle und Fahrplananzeigen vor dem Stephansdom aufstellen, vor dem Königsbau in Stuttgart und an der Rückseite des Kölner Doms. U-Bahnhöfe unterscheiden sich allerdings wesentlich vom Parkhaus, und dieser Unterschied macht eine Veränderung deutlich, die die städtische Kommunikation seit den fünfziger und sechziger Jahren, diesen Dekaden der autogerechten Stadt, erfahren hat. Im Parkhaus wird das Auto abgestellt, sein Fahrer war und ist noch ganz auf die Angebote in der Stadt angewiesen. Die zentralen U-Bahnhöfe hingegen haben, wie Fernbahnhöfe, selbst einen Konsumbereich. Die City stimmt den dort Ankommenden auf einen angenehmen Aufenthalt ein. Hier kann er Schals, Jacken, Zeitungen kaufen, Passfotos herstellen und private Fotos entwickeln lassen. Hier nimmt er die erste Ration zu sich, ehe er den Arbeitstag oder die Konsumwanderung durch die Stadt beginnt, und er stärkt sich noch einmal, ehe er nach Hause zurückkehrt. Der typische Geruch der Metros und Subways vom Anfang des 20. Jahrhunderts, die den Innenbezirk einer Stadt und die dort ansässigen Einwohner miteinander verbanden, war der des Metallabriebs der Räder. Der Sieg der Technik stieg in die Nase. Heute gehört der Geruch der Wegzehrung derer, die einen Arbeits- oder Konsumtag lang von zu Hause weg sind, zum Odeur der Untergrundbahnen – sowohl in ihnen wie im Umkreis der Bahnhöfe. Selbst technische Einrichtungen müssen durch sinnliche Genüsse um »Akzeptanz« beim Fahrgast buhlen.

Parallel zur Stammstrecke der Bahnen unter der Erde verläuft überirdisch eine Stammstraße des Konsums. Im Unterschied zur traditionellen europäischen Metropole bestimmt die Straße fast ausschließlich das Gesicht der Stadt. Die Funktion des Platzes als Mittelpunkt des städtischen Lebens übernimmt nun die Stammstraße. Sie lenkt die Menschen in der Fußgängerzone von Kaufhaus zu Kaufhaus. Seitenstraßen spielen in der City kaum eine Rolle, sie verbinden höchstens parallel verlaufende Einkaufsstraßen oder stellen sich als verlängerte Zugänge zu U-Bahn-Stationen heraus. Gässchen, in denen sich ein einheimisches Leben niedergelassen hätte, fehlen ganz. Auch Plätze werden in der City in Straßen verwandelt. Der Platz einer Stadt mag noch so groß und schön sein, er wird an Cafés und Restaurants verkauft, die ihn so dicht bestuhlen, dass zwischen den Sitzplätzen nur noch eine schmale Passage für Fußgänger übrigbleibt. Bestimmt die Silhouette den Fernblick der City, so ist auf ihrem Parterre alles nur noch Straße und lineare Fortbewegung.

Wie Stadttore und Plätze, die Kennzeichen der traditionellen Stadt, an Bedeutung verloren haben, so auch die auratischen Gebäude der Vergangenheit, die einer Stadt ihr individuelles Gepräge gaben, Kirchen, Schlösser, Rathäuser, Theater. Sie sind durch Parkplätze verstellt, mit Reklamen behängt, wenn sie nicht von den Buden der zahlreichen Stadtfeste gänzlich zum Verschwinden gebracht werden. Die City respektiert keine Aura. Die Andachtsorte der alten Stadt, vor und in denen man stumm, still und staunend verharren konnte, sind abgelöst durch den Lustort Einkaufscenter. Die ursprüngliche Mall,

das amerikanische Vorbild des deutschen Einkaufszentrums, lag weit außerhalb der Ansiedlung. In
den achtziger Jahren erst zog sie auch in den USA
vom Umland ins Stadtzentrum hinein und wandelte
sich zum Vergnügungsort mit Cafés, Bistros, Fast
Food-Ketten, Kinos und Fitnessstudios, wurde also,
wie in Europa, gleichzeitig Lebensraum, Freizeitort
und Mittelpunkt eines genussfreudigen Citytreibens.
In Deutschland entstand sie mitten in der Stadt als
deren eigentliches Zentrum. Das historische Ge-
wicht der deutschen Innenstadt hat immerhin, so
scheint es, soviel Anziehungskraft, dass es diese Moderne absorbieren und umgestalten kann. Ein erster
Vorläufer des City- oder Einkaufscenters entstand
1930 in Berlin am Potsdamer Platz. Martin Wagner,
der Stadtbaurat, wollte das verwirklichen, was man
heute Global-City nennen würde, ein Zentrum, an
dem wirtschaftliche Beziehungen mit der weiten
Welt und lokale Zugehörigkeit der Ansässigen sich
verbanden. Der Potsdamer Platz sollte ein »Welt-
stadtplatz« werden. Um die Welt zu erobern und
in Berlin anzusiedeln, baute Erich Mendelsohn das
»Columbus-Haus«, das mit Büros, Cafés, einem
Reisebüro, Fahrstühlen und viel Reklame ein erstes City-Center genannt werden darf, das die Moderne als chicen Lebensstil anpries. Der heutige
Potsdamer Platz setzt Wagners Idee nur fort. Im
Unterschied zur ehemaligen amerikanischen Mall
ist das deutsche City-Center nie eine reine Einkaufs-
meile. Sichtbar und zugänglich für alle ist zwar der

Konsum, doch staffeln sich, der hohen Immobilienpreise wegen, darüber die Büros, es entsteht eine
Mischung aus Verwaltung und Verkauf, Arbeit und
Konsum, wie sie auch schon das »Columbus-Haus«
vorgesehen hatte.

Die eigentliche Aura der heutigen City ist die Höhendimension des City-Centers. Durch die Straße,
die als Passage durch dieses Center hindurchführt,
ist es an die Stadt, auch an ihren historischen Teil,
angebunden. Doch endlich muss im Innern die
Straße, der Vertikalität der neuen City entsprechend,
nach oben führen. In den City-Centers steigt der
Besucher direkt aus der U-Bahn oder dem Parkhaus
in Geschäfte hinauf. Ist er in einer so geschickt ein-
gerichteten Anlage wie im Frankfurter »MyZeil«
angekommen, so trägt ihn die Rolltreppe zu Bistros
auf höchstem Niveau. Hier eröffnet sich ihm ein
Blick über die Stadt, der ihn die Struktur der modernen City leicht begreifen lehrt. Auge in Auge sieht
er sich mit der Kirchturmuhr und etwa auf Taillen-
höhe der Bürohochhäuser, er schwebt zwischen
dem roten Sandstein alter Bauten und den Glasfassaden der Büros, die den hohen Himmel reflek-
tieren, und umfasst mit einem Blick das Weichbild
der Stadt. Hier thront er über dem Schlachtfeld der
Immobilienmakler, die auch seine Lustorte – Läden,
Fitnesscenter, Kinos, Spielsäle, Restaurants – übereinander gestaffelt haben, um ihn emporzuheben,
und er triumphiert über den Reichtum »seiner«
Collage-Stadt, die sich vor ihm ausbreitet. Von der

Straße aus vermag der Besucher den Charakter der City so nicht zu erfassen wie von oben. Erst das Einkaufscenter verwirklicht die Idee City und konzentriert sie auf einen einzigen architektonischen Punkt – und wie jede realisierte Idee verschafft auch diese gebaute ein Gefühl der Erhebung.

Je höher aber der Ehrgeiz einer Stadt greift, je weiter die globalen Kontakte der dort ansässigen Unternehmen reichen, desto provinzieller wird ihr Straßenleben. Die Stadt, falls sie sich mit dem Titel Global-City schmücken darf, bekennt damit nur ihre Abhängigkeit von der Provinz. Ob die Unternehmen nun wegen hoher Immobilienpreise in die Randlage ausweichen oder ihre Hauptfiliale im Zentrum ansiedeln – die City wird zum Umschlagplatz des Personals aller dort angesiedelten Unternehmen, und dieses wohnt im allgemeinen im Umland der Großstadt. Nicht mehr die Händler und Reisenden aus der großen weiten Welt treffen hier ein; die Bevölkerung aus der Region vielmehr, die hier arbeitet, einkauft und konsumiert, verscheucht alles, was einmal weltstädtische Atmosphäre war. Der Weg der Mitarbeiter vom Wohnplatz zum Arbeitsplatz umkreist die Innenstadt, sofern er nicht direkt durch sie hindurchführt. Die City stellt sich jedem in den Weg, und sei es nur allmorgendlich und allabendlich als Verkehrshindernis. Gerade das aber macht ihre Attraktivität aus: Jederzeit ist sie jedermann gegenwärtig. Auch wer nicht in ihr, sondern nur an ihrer Peripherie arbeitet, muss sie immer wieder als Konsument, Tourist oder Berufstätiger durchqueren. Auf dem Weg zur Arbeit ist sie ein beliebter Stopover.

Die Konzentration des privaten Vergnügens auf die City ist auch ein Versuch, die Abwanderung von Industrie und Arbeitsplätzen an den Rand der Städte zu kompensieren. Was man als Standortbedingung bezeichnet, ist nichts anderes als die Integrationskraft der City für suburbane Geschäftspartner. Diese Integrationskraft bemisst sich zum großen Teil nach dem, was die Stadt über die städtische und wirtschaftliche Organisation hinaus jenen zu bieten hat, die, in hohen oder niederen Positionen beschäftigt, gerade einmal nicht arbeiten. Die City vermittelt zwischen Wirtschaft und privatem Interesse, Arbeit und Vergnügen. Vernetzt zu sein, dies ist die Auszeichnung, die Unternehmen für sich in Anspruch nehmen, und die deshalb Privatpersonen bei ihrem Besuch der City nachahmen – und dies verbindet Umland und Stadt: Was über den Köpfen der Menschen stattfindet, die weltweite Kommunikation der Firmen, spielt sich noch einmal auf den Straßen in jeder freien Hand ab, die ein Mobiltelefon bedient, oder im Internet-Café.

Die City, scheinbar Knotenpunkt der Weltwirtschaft, ist gleichwohl keine Weltstadt. City – das ist eine Provinzstadt, die global vernetzt ist. Immerhin muss, damit sie den Charakter einer Metropole des Weltmarktes zu Recht trägt, alles in ihr weltstädtische Namen erhalten. Wenn man früher von Boulevard, Promenade, Boutique, Magazin, Restaurant, Café sprach, so sagt man heute Shopping, Business, Fast Food, Coffee-Shop, Cinema, Streetwear, Sale – und eben nicht Alt- oder Innenstadt, sondern City.

Die alte Opposition Metropole – Provinz besteht nicht mehr. Berlin bewahrt zwar für Künstler und Intellektuelle noch den Schein einer Metropole, doch haben längst Teile der Innenstadt den Charakter der Global-City angenommen und Berlin zum Zentrum einer Großregion Deutschland gemacht. Büros wie Läden und Restaurants am Potsdamer Platz beschäftigen und ernähren Menschen aus dem Umland und sind zudem noch von Touristen aus dem »Umland Deutschland« übersät. Die Zufluchtsorte der Intellektuellen und manch alteingesessener Bewohner werden auch in dieser Stadt binnen kurzem von Touristen aus der »Region« Deutschland besetzt sein, die, wie es zum heutigen Reisenden gehört, nach originalen Szenen des Lebens suchen und sie dabei zum Verschwinden bringen.

Die Straßen der City pulsieren vor Leben, und sie haben dies dem Umland zu danken. Ohne dieses wären sie leer, denn Menschen wohnen in ihr kaum mehr. Von einer Belebung durch anwohnende Bürger, von der man sich bei jedem Projekt viel verspricht, kann nicht die Rede sein. Die entstehenden Wohnungen, meist in den obersten Stockwerken, sind Luxusappartements zu horrenden Preisen. Das Leben der Mieter oder Besitzer spielt sich, der Höhendimenison der City entsprechend, zwischen Loft und Tiefgarage ab, von wo aus es aus der City hinaus und zum nächsten Standort des Geschäfts geht.

Was also ist der Impuls, der die City antreibt, der die Straßen mit Menschen füllt? Welches sind die Taktiken, mit denen so viele Menschen in die Innenstadt gelenkt werden, und wie sieht das Leben dieser Menschen in der »hergestellten« Stadt aus?

City, das gut geführte Unternehmen

MAN reiste früher nach Paris nicht nur wegen Notre Dame, dem Louvre und dem Eiffelturm. Eine ebenso wichtige Sehenswürdigkeit wie die historischen Kunstschätze war der Clochard. Jean Gabin warb mit seinem Film »Archimède le clochard« (dt. »Im Kittchen ist kein Zimmer frei«) so gut für Paris wie die Mona Lisa. Die Poesie des Clochards gab jedem Platz der französischen Metropole einen eigenen Charme. Die Studenten von 68, die es in die »Hauptstadt des 19. Jahrhunderts« zog, kopierten diese Figur, ungekämmt und heruntergekommen, und lockten durch ihr Plädoyer für soziale Gerechtigkeit ähnliche Typen in Scharen in die deutschen Innenstädte.

Heute gibt es in der City weder Gammler noch andere Originale oder Sonderlinge. Wo wäre der seriöse Herr, die feine Dame, wo der Angeber, der Geck, das beschwipste Paar? Und wo sind die beklagenswerteren Existenzen, die Krüppel, Bettler, Tippelbrüder, Straßenhändler? Wo die Handwerker, Schuster, Schneider, Schmiede, die das Straßenbild durch ihre Arbeit belebten? Sie alle wohnten einst in der Stadt zusammen mit armen und reichen Müßiggängern, sie alle waren Chargen im Straßentheater. Inzwischen hat das organisierte Mitleid die Bedauernswerten eingesammelt und in für sie

49

geeignete Ressorts ausgesiedelt; die Schönen, Reichen, Eitlen hat der demokratische Neid vertrieben, die Handarbeiter und kleinen Ladenbesitzer die Ökonomie. Aber auch die unterhaltsamen Ausrutscher in Kleidung und Benehmen, die jedem unterlaufen könnten, lässt die Sitte – oder ist es die Hygiene? – nicht gelten, nicht die Säufer, Anrempler, Anpöbler und Schreihälse. Die Sünde ist aus der Stadt verbannt, die Schönheit auch, und das Interessante ging mit beidem verloren. Henri Cartier-Bresson hätte es heute schwer, eine europäische Stadt zu finden, deren Personal er durch seine Fotografie poetisieren könnte.

Wer aus S-Bahn und Parkhaus kommt und sich zum Stadtbesuch aufmacht, ist bestrebt, so unauffällig auszusehen wie möglich und sich so gesittet zu benehmen wie am Arbeitsplatz. Sneakers, Jeans, Hemd und T-Shirt sind die demokratische Uniform par excellence. Der Herrenanzug, zur Mittagszeit häufiger zu sehen, bedeutet keinen höheren Rang; er erzählt, das weiß jeder, von nichts als Angestelltenpflicht und wird in der Freizeit schnellstens abgelegt. Die Stadt ist zur demokratischen Landschaft ohne Statussymbole geworden. Die Oberschicht tritt unauffällig auf, die Unterschicht wahrt den Anstand. Rücksichtnahme und Toleranz unter Gleichen, und zwar in einem sehr hohen Grade, sind die ersten Gebote für das Leben in der City, und dieses Grundgesetz folgt der demokratischen Verfassung: Auf der Straße sind alle Menschen gleich.

Die Innenstadt hat die Aufgabe der Disziplinierung ihrer Besucher übernommen. Sie ist eine Schule des guten Benehmens, in der durch leise Taktiken Dezenz eingeübt wird. Schon auf dem Weg in die Stadt wird solche Diszipliniertheit eingeübt. Wer in der S-Bahn eine halbe Stunde lang aufrecht und steif fremden Menschen gegenübersitzt oder sein Auto zentimetergenau in eine Parklücke rangiert hat, ist auf die geordnete Enge der Innenstadt gut vorbereitet. Bänke auf den Straßen, unbezahltes Ausruhen, soll es dort nicht geben, Müßiggang, Herumlungern erst recht nicht. In der City findet sich kaum ein Platz, an dem man sitzen könnte, ohne zu konsumieren und zu zahlen. Mit der Ordnung der Sitzplätze in Cafés und Bistros beginnt die Disziplin. Die Stühle der Bistros stehen in Reih und Glied wie in einer Mensa oder Kantine, die Gäste sitzen einander Aug' in Auge gegenüber, ohne Blick für ihre Umgebung, die Stadt. Ihre »Aufgabe« ist es zu konsumieren, nicht zu schauen.

Auch das Charivari der Jugend an Wochenenden und in lauen Sommernächten, exzessives Trinken, Lärmen bis in die tiefe Nacht hinein, das Hinterlassen von Müll, gehorcht, allem Anschein zum Trotz, dennoch dem Gesetz der Ordnung. Auch dieser Aufstand gegen die gute Sitte hat seine festen Zeiten, seine festen Rituale und seine vorsehbaren Katastrophen. Solche ungeplanten Ausnahmesituationen unterscheiden sich wenig von den geplanten, den Stadtfesten, Langen Nächten der Museen, dem Public Viewing, den Popkonzerten mitten in der Stadt. Sie sind von der Stadtverwaltung angeordnete Turbulenzen, bürgerliche Äquivalenzen zur jugendlichen Saturday Night. Auf zeitlichen und räumlichen Chaos-Inseln finden Gegenfeste statt, bei denen die Großstadt ein wenig Buntheit und Poesie entfaltet. Sie bestätigen die Ordnung nur, die der nächste Tag wieder ans Licht bringt.

Diese Ordnung entspricht einem neuen Begriff von Urbanität: Er richtet sich nicht mehr am Individuum, sondern am Kollektiv aus. Obgleich Straßen gerade über der Stammstrecke von S- und U-Bahn einigermaßen lang und breit sind, scheinen sie nicht, wie Haussmanns Boulevards, die Aufgabe zu haben, die Passanten möglichst lange aufeinander zuzuführen, so dass sie sich gegenseitig im Blick behalten, als Individuen studieren und kritisieren könnten. Wer sich als Original, als Schönheit, als Elegant geben möchte, dem bietet die meist überfüllte Straße, die noch dazu durch Restaurants und Cafés verstellt ist, keine Chance. Der Flaneur, dieser arrogante Einzelgänger, der als Beobachter auftrat, um beobachtet zu werden, würde heute entweder provozierend oder lächerlich wirken. Ein Dandy wie Beau Brummell, der die Straße brauchte, um den Stolz zu genießen, mit dem er entschied, wen er grüßte oder wen er »schnitt«, wäre undenkbar. Die City besucht keiner, um gesehen zu werden, und keiner, um zu sehen, denn er setzte sich dem Verdacht aus, seine Mitmenschen abschätzig zu beurteilen. Der Einzelne, der sich hervortun und das Straßenbild, das die anderen abgeben, beschreiben wollte, machte sich einer Sünde gegen das kollektive Glück schuldig.

Als Paar oder als Gruppe aufzutreten, das ist heute das Gesetz der Straße. Obgleich der Anteil der Singles in der Bevölkerung, zumal in der Innenstadt, zunimmt, prägen Paare und Gruppen das Straßenbild. Diese sind miteinander beschäftigt, und falls einer von ihnen allein gelassen wird, stellt er sofort über das Mobiltelefon den Kontakt mit einem imaginären Begleiter her. Der Einstieg in die anfahrende U-Bahn etwa geschieht, weil man sich gerade von der Gruppe, dem Partner verabschiedet hat, eilig, noch eiliger aber ist, sobald man sitzt, der Griff nach dem Mobiltelefon, um die neuesten Nachrichten von Freunden und Geschäftsfreunden zu überprüfen. Mit dem Headphone im Ohr und dem Handy vor Augen sind die wichtigsten Sinnesorgane zur Wahrnehmung der Umwelt blockiert. Welt kennenzulernen kann deshalb nicht das Ziel eines Stadtbesuchers sein, sein Ziel ist es viel mehr, mit Bekannten zu kommunizieren.

Die Stadtplaner legen großen Wert auf die Urbanität der von ihnen gebauten Anlagen. Sie verstehen darunter eine durch »funktionale Differenzierung gekennzeichnete Stadt«. Soziale und kulturelle Einrichtungen sollen sich miteinander vermischen, vor allem aber unterschiedliche soziale Milieus im Straßenleben auflockern, private und öffentliche Räume nebeneinander existieren lassen. Die Devise »Urbanität durch Dichte« aber, die die Stadtplanung auch anstrebt, sagt deutlicher, was eigentlich die neue *urbanitas* meint und wie sie erreicht werden soll: je mehr, je besser – mehr Events, mehr Menschen, mehr Konsum, mehr Gewinn – dies alles aber durch einen Plan bestimmt, also »hergestellt«.

Die programmatische Belebung der Innenstadt hat nichts mit der *urbanitas* zu tun, die seit alters den Städter auszeichnete. *Urbanitas* – ein Begriff, zunächst für die freien Bürger Athens und Roms geprägt – meinte einen Charakter. Der Vorzug des Städters bestand in seiner Weltläufigkeit, in der Gelassenheit, die er daraus zog, in der Eleganz des Auftritts, der Leichtigkeit, mit verschiedensten Menschen aus verschiedenen Milieus und Kulturen reden zu können, in der Überlegenheit all den Peinlichkeiten gegenüber, die ihm im städtischen Getriebe, in der Begegnung mit vielen Schichten, Nationen und Berufen widerfuhren, kurz: in einer Blasiertheit, die ihm selbst Unabhängigkeit garantierte an einem Ort, der viele eigenwillige Individuen einander gegenüberstellte. Die Stadt erzog zu solch nachlässiger Souveränität, weil die Buntheit des Lebens, die Vielfalt der Erscheinungen, die aufeinander trafen, die Aufmerksamkeit dessen schärfte, der dort nicht nur, wie beim heutigen Stadtbesuch, vorbeikam, sondern beheimatet war und täglich dies Schauspiel studieren konnte. Die nahe beieinander wohnenden Mitbürger und die, die aus der Ferne kamen und fremde Sitten vorführten, schulten die Beobachtungsgabe, entwickelten kritisches Denken, moralische Großzügigkeit, ästhetische Distanz und begabten den Städter mit jener aufgeklärten Arroganz, um die er von allen, die nicht das Glück hatten, in der Metropole zu wohnen, beneidet wurde.

Fähigkeiten solcher Art würden dem heutigen Großstädter geradezu als verwerflich angelastet. Städter, die die traditionellen Fähigkeiten der *urbanitas* auf den Straßen vorführen, werden als »Schickeria« verachtet. Sich in der Stadt mondän zu zeigen, mit dem Auftritt zu spielen, gilt als lächerlich. Die Bühne der Stadt hat geschlossen. Der Zuschauerraum ist zwar gedrängt voll, aber unaufmerksam gegen sich selbst. Wer für ein paar Stunden, per Auto oder Bahn ankommend, in der Stadt verweilt, verfolgt eine Absicht, und sei sie noch so banal, er ist beschäftigt und hat es eilig. Die wenigen Bewohner der Innenstadt, meist junge, gut verdienende Angestellte, fliehen aus ihr so schnell wie möglich, da freie Zeit bei ihnen wie Mangel an wichtigen Aufgaben aussähe. Sie eilen entweder ins nahe gelegene Büro, zum Geschäftstermin in die nächste Stadt oder in einen anstrengenden Kurzurlaub. Der heutige Begriff von Urbanität verbindet sich mit Geschäft und Geschäftigkeit.

»Urbanität durch Dichte«, dieses Ziel der Stadtplanung, entwickelte sich in der Nachkriegszeit aus dem Bestreben, die neuen, tagsüber trostlos leeren

Wohnvorstädte möglichst dicht zu bebauen, um in ihnen »Leben« zu organisieren. Der Begriff, der aber doch den Stil des Stadtlebens früherer Jahrhunderte meinte, wird auch heute wieder auf die City angewandt. Nun aber meint er nicht mehr Welterfahrung und Menschenkenntnis, sondern Bodennutzung. Nicht auf eine Charakterschule hat es das Programm abgesehen, sondern wieder, wie in den fünfziger Jahren in den Wohnstädten, auf möglichst dichte Bebauung. Zu allen Zeiten zwar war der Charakter der Stadt und der des Städters von der politischen und ökonomischen Organisation der Gesellschaft abhängig, doch blieb die Stadt immer der Ort der Repräsentation und nicht allein des Geschäfts. Die Bourgeoisie des 19. Jahrhunderts bewohnte das Zentrum der Stadt und verlegte die Fabriken, von denen sie lebte, an die Peripherie. Der reiche Bürger vertrat sein Unternehmen gewissermaßen höchst persönlich auf dem Boulevard, er schuf sich Gaffer, die ihn bewunderten, Intellektuelle, die ihn kritisierten, und eine Bohème, die seine Träume von Freiheit, Liebe, Leidenschaft und Künstlertum verkörperte und sein poetisches Defizit verspottete.

Die heutige City hingegen möchte eine Kommandozentrale des Weltmarkts sein, weshalb ihr Boden kostbar ist wie nie zuvor. Für ungenutzte Flächen, breite Boulevards, Plätze, Parks hat sie keinen Sinn. Fläche ist immer Nutzfläche, die City eine verkaufte Stadt. Deshalb müssen ihre Funktionen übereinander gestaffelt werden. Es bedarf einer Begründung, warum sie überhaupt auf Besucher wert legt, warum sie überhaupt »Urbanität durch Dichte« anstrebt?

Wie La Défense in Paris zeigt, diese in Architektur gefasste Filiale der Weltwirtschaft, lässt sich ökonomische Funktion auch ohne Dichte und Menschenansammlung herstellen. Das Viertel glänzt durch Monumentalität und Leere. Ein paar Herren und Damen in Hosenanzügen bewegen sich durch weite Hochhausschluchten, spiegeln sich in künstlich angelegten Wasserbecken und fühlen sich nie einsam – die Computersimulation der Architekten scheint endlich Wirklichkeit geworden zu sein. Büroangestellte, so darf man daraus schließen, halten es durchaus ohne städtisches Getriebe aus. Dieses findet in Paris jenseits des Bogens von La Défense statt und diesseits vom Arc de Triomphe, in dessen Fluchtlinie er errichtet wurde. Bürostadt und Besucherstadt sind in Paris getrennt, und in keiner Stadt der Welt müssten sie unbedingt zusammenfallen. Im Zentrum von Paris lebt, obgleich es von Touristen überschwemmt ist und auch wenn sich einige Straßen mit Citycharakter herauszupräparieren beginnen, immer noch eine einheimische Bevölkerung, die in kleinen Straßen und Winkeln ihre angestammten Plätze zu verteidigen weiß. Die Entstehung einer Stammstrecke der Metro, die den Besucherstrom auf wenige Straßen dirigieren würde, verhindert die alte zentripetale Anlage der Verkehrswege, die die Stadt als Ganzes erschließen. Freilich ballt sich der Tourismus in einigen Quartieren und mischt sich dort mit Studenten, nicht aber, wie der Besucherzustrom aus Vororten und Umland in den deutschen Großstädten, mit Angestellten und Managern. Keinem, der den Boulevard St. Michel sehen wollte, kämen sie in den Sinn und in den Blick.

Man würde La Défense, anders als etwa die Innenstadt von Frankfurt, nie eine City nennen. City meint das Ineinander von Stadtleben und Wirtschaft, es kann aber auch ebenso das Nebeneinander von traditioneller Stadtlandschaft mit alten Straßenführungen und dazu nicht entsprechenden Dependancen der Wirtschaft meinen. So bleibt zu fragen, warum werden, wenn die City vor allem eine Bürostadt ist, die Innenstädte zusätzlich durch S-Bahnen und Autostraßen mit Besuchern angefüllt?

Eine City kann sich nur in einer Stadt entwickeln, die so groß ist, dass die Angestellten in der Mittagspause nicht nach Hause gehen oder fahren können. Das Zwölfuhrläuten bedeutet der City gar nichts; es gemahnt niemanden mehr, zur Mittagszeit an den Familientisch zurückzukehren. Auch die italienischen Städte, die sich noch lange über die Rush Hour am Morgen und am Abend hinaus eine dritte und vierte Pause für die Siesta leisteten, kalkulieren inzwischen den Tages- und Arbeitsrhythmus wie in jeder europäischen Stadt. Überall ist die City eine ausgedehnte Kantine für Büroangestellte, Verkäufer und Manager, die sich in der Mittagszeit versorgen wollen und gelegentlich eine Cafépause am Morgen oder Nachmittag einlegen. Sie verlassen die vertikale Dimension der Stadt, die zum größeren Teil von den Firmen als ihr Arbeitsplatz genutzt wird, und begeben sich in die Horizontale der Straße, die der konsumierenden Menge gehört. Diese besteht also aus Angestellten, die die Innenstadt als Mensa nutzen, und Stadtbesuchern aus den Vororten und dem Umland, die mit ihnen zu Tisch gehen. Die Unternehmen sparen sich Platz und Aufwand für eine Kantine, indem sie die Verpflegung ihrer Belegschaft nach draußen verlegen, die Stadt gewinnt Ansehen, indem sie als ein belebtes Zentrum erscheint, das »angenommen« ist und jene »Urbanität durch Dichte« aufweist, die von den Stadtplanern angestrebt wird.

Für Cafés und Bistros ist der Besucherstrom aus dem Umland unabdingbar, weil die Lokale bei den hohen Mieten der Innenstadt vom Verzehr der Angestellten und vom Stoßgeschäft in der Mittagszeit allein nicht existieren könnten. Gewohnt, aber doch erstaunlich ist die unentwegte Esslust, die die Menschen in der Stadt befallen hat. Noch nie gab es so viele Cafés und Restaurants in einer Stadt, noch nie dampfte sie so viele appetitliche und unappetitliche Gerüche aus wie heute. Die Bevölkerung des Umlandes füllt die Plätze auch in der Zeit zwischen den Essenspausen der Büroangestellten und bezahlt den Boden mit, der für die Arbeitspause und Ernährung der vielen Angestellten zur Verfügung gestellt werden muss.

Die Besucher tätigen vor oder nach dem Essen kleine Einkäufe. Zur Fahrt in die Stadt werden sie durch Billigangebote gelockt. Sie ermöglichen auch bei mäßigem Einkommen noch einen Genuss nebenbei, der als eine Art Obolus an die Küche der Angestellten entrichtet wird. Essen und Kaufen gehören beim Stadtbesuch zusammen, der Imbiss und das Schnäppchen dirigieren die Besucherströme in der City. Kundenstopper und Bistro-Stühle sind Symbole der modernen Stadt. Dem Fußgänger machen sie das Leben schwer, denn flanieren soll er nicht, er soll kaufen oder essen. Das Lebensglück der City wandert von der Hand in den Mund, mit diesen beiden Körperteilen schnappt der Stadtbesucher zu und zahlt. Hier herrscht Eile, zum Verweilen in Cafés, vor Schaufenstern oder in Läden, zum »Schaufensterbummel« oder zur kostenfreien Beobachtung des Straßentheaters ist der Boden zu teuer.

Auch eine soziale Barriere, die den Zutritt zu einem Lokal erschwerte – Kleidercodes oder hohe Preise – würde den Konsum in der Innenstadt nur behindern. Er wird als Nahrungskommunion einer Kundendemokratie zelebriert und als Zeichen einer glücklichen Gesellschaft von jedermann akzeptiert. Die Mittags- oder Einkaufspausen dieser demokratischen Familie steigern sich gelegentlich zu Fressorgien, die sich Stadtfeste nennen. Von den öffentlichen Übertragungen der Sport- oder Opernaufführungen abgesehen, besteht das öffentliche Fest aus keinen anderen Sinnenfreuden als dem Genuss von Leckerbissen der lokalen und internationalen Küche. Die Kirchenfeste von einst haben sich in die Stadtteile zurückgezogen. Die City selbst muss unentwegt zeigen, dass sie, unabhängig von Stand, Glaube und Kalender, die große Nährmutter *aller* Bürger ist.

Zur Mittagszeit allerdings halten vorwiegend die Beschäftigten der Büros und Läden die Tische besetzt. Diese Young Urban Professionals wissen, wie man mit dem Fett- und Kohlehydratgehalt von Fast Food umzugehen hat. Je höher der Anteil der mit Arbeit überlasteten Bürobelegschaften ist, desto schlanker ist die City. Architektonisch ließe sich der Leibesumfang der Nutzer der Innenstadt an der Höhe der Gebäude ablesen, in denen die Angestellten beschäftigt sind: Je steiler die Vertikale der City, desto schlanker die Menschen auf der Horizontalen ihrer Straßen. Die angereiste, wohlbeleibte Kaufkundschaft wird zeitlich an den Katzentisch, d. h. auf den Nachmittag verwiesen. Dann darf sie ohne Gewissensbisse entspannt genießen; sie vergisst die Kalorientabelle, lässt sich von Geschmacksverstärkern verführen und von Kundenstoppern zur Schnäppchenjagd ermuntern.

Die Kundschaft wird allerdings nicht nur durch den Konsum angelockt, sondern vor allem durch die gehobene Ausstattung der Innenstadt. Einrichtung und Atmosphäre dort liegen auf einem höheren Niveau, als es dem Lebensstil der meisten herbeigekommenen Konsumenten entspricht. Zu-

61

hause haben sie keine Diener, ihre Stühle sind nicht aus Rattan oder aus Milchglasplastik wie im Café auf der Terrasse vor dem Museum, das Haus ihres Nachbarn funkelt nicht wie die Außenhaut eines Bürogebäudes, im Citycenter gar sitzen die Herbeigelockten im Glaspalast unter einer himmelhohen Kuppel. Zuhause müssen sie Treppen steigen, hier trägt sie die Rolltreppe nach oben, kurz: Die City kommt dem Besucher mit ein wenig Glanz und viel Bequemlichkeit entgegen. Die Sauberkeit, ja Sterilität der deutschen City unterscheidet sich von dem abgegriffenen Charme einer Touristenattraktion wie Paris. Der Tourist und der Stadtbesucher haben, sogar wenn sie sich einmal in einer Person vereinigen sollten, in diesem Punkt einen entgegengesetzten Geschmack. Der Reisende schätzt die Patina der Vergangenheit, der Konsument die Sauberkeit von Geschäft und Küche. Der Tourist sucht Abenteuer und exotische Umgebungen; hingegen nimmt sich die Fahrt in die City für den Bewohner des Umlands aus wie der Besuch bei einem wohlhabenden Verwandten: Er kommt in einem reichen Haus an, erwartet ein paar Bissen, ein paar kleine Geschenke; allerdings muss er nun dafür zahlen.

Die gehobene Ausstattung ist wichtig, denn die Kantine für die Belegschaft – und das ist die City – muss dem Standard der Chefetage entsprechen; die schmuddelige Atmosphäre einstiger Stamm- und Künstlerlokale passt in diese Umgebung nicht mehr. (Diese liegen, wie in Düsseldorf oder Stuttgart, abseits der City, in der »Altstadt«.) In der City besteht zwischen Büro und Straße ein reger Austausch nicht nur von Menschen, sondern auch von Speisen. Die Angestellten kommen aus den Gebäuden zum Essen. Kaffee und Imbiss werden aber ebenso von der Straße in die Büros gebracht. Deshalb müssen beide Orte auf dieselbe Hygiene achten. Die Sekretärin, die eine Mittagspause einlegt, vertauscht nur das Café am Fuß des Bürohauses mit dem Vorzimmer ihres Chefs, wo auch sie über eine Kaffeemaschine und einen Kühlschrank verfügt, um gelegentlich den Chef und seine Geschäftsfreunde zu bedienen.

Durch den Personenstrom zwischen Büro und Straße findet ein dauernder Rollenwechsel statt. Die Sekretärin aus dem Vorzimmer, die soeben noch ihren Chef zu bedienen hatte, wird für eine halbe Stunde zur Kundin, die sich bedienen lässt; der Angestellte, der acht Stunden lang Waren an fremde Menschen verkaufte, verwandelt sich am Abend, ehe er die S-Bahn besteigt, in einen Gourmet vor dem Stehimbiss des Delikatessenladens; der Chef, der gerade noch der Sekretärin zehn Telefonate aufgetragen hat, bringt ihr aus seiner Frühstückspause die kalorienreduzierte Kost für ihr Mittagsmahl mit; vor Geschäftspartnern, mit denen er oben im Büro hart gerungen hat, gibt er sich im Bistro als Freund und Gastgeber. In der City spielt jeder den Diener und den Herrn zugleich, und das ist eine ihrer demokratischen Glückverheißungen.

Bedienen heißt in der City nicht mehr, sich einem Herrn unterzuordnen, sondern höchstens noch ihn freundlich zu empfangen, nicht mehr zu buckeln, sondern zu lächeln.

Die Stadt des 19. Jahrhunderts war die Stadt der Statussymbole. Die Rollen entsprachen dem sozialen Status, jeder achtete darauf, dass er und seine Mitbürger die dazugehörigen Kleider- und Verhaltensvorschriften nicht verletzten. In der City des 21. Jahrhunderts schlägt sich der Austausch zwischen den Büros, die die Silhouette liefern, und der Ebene, wo sie sich belebt, in der Monotonie des Straßenbildes nieder. Über kleine modische Nuancen dürfen individuelle Akzente nicht hinausgehen. Nur die Oberschicht der Angestellten zeichnet sich – wie lange noch? – durch den Herrenanzug aus, der besagt, dass der Träger viel beschäftigt ist und mit anderen Anzugträgern seines Ranges zu tun hat. Im Übrigen wird jedes Rangabzeichen vermieden. Standesunterschied und Reichtum zeichnen nicht aus, man versteckt sie. Vielleicht entstand der Turbokapitalismus auch deshalb, weil Geld sich nicht mehr in eine Geste der Überlegenheit verwandeln und als Glück zeigen darf. So bleibt kein Vergnügen, als dass Geld sich selbst genügt und sich selbst vermehrt.

Die modische Erscheinung der Geldoberschicht jedenfalls hat sich, zumal in der Freizeit, an die der Normalverdiener angeglichen, und es braucht ebenso viel Kenntnis von Mensch und Kleid, um

die Gattin des reichen Mannes, die wie jedes junge
Mädchen in den Billigläden von »H & M«, »New
Yorker« oder »Zara« anzutreffen ist, in der Menge
ausfindig zu machen, wie den Angestellten von seinem Chef zu unterscheiden, da beide außerhalb
der Geschäftszeit Freizeit-Outfit tragen. Eine eigene
Kleidung für den Stadtbesuch – das Hauptinteresse
von Mode überhaupt bis zur Jahrtausendwende –
gibt es nur noch bei einigen verspäteten Münch-
nerinnen. Das Straßenfest der Bourgeoisie ist zu
Ende, die Stadt ein Arbeitsplatz, der Bürgersteig ein
Pausenhof. Aufregendes darf dort nicht geschehen.
Auch die, die aus Vorstädten und dem Umland angereist kommen, wüssten sich in ihrer Freizeit besser
zu unterhalten als hier in dieser Stadt – durch Fern-
sehfilme, Computerspiele, Reisen, Motorradfahren,
Fitness, Sport – ja man ist versucht, die Leidenschaft, an jeder Ecke der Stadt, auf jedem Bistro-
stuhl das Handy zu zücken, aus der Langeweile
zu begründen, die in der City herrscht. Für den
Bürger des 19. Jahrhunderts muss, glaubt man den
Schriftstellern von Balzac bis zu Walter Benjamin,
der Aufenthalt in der Stadt ein Erlebnis besonderer
Art gewesen sein; heute ist er nichts als eine Pause.
Ob Kantine oder Vorzimmer des Chefs: Das Unternehmen Stadt setzt sich auf jeden Fall gesittet zu
Tisch, und kein Gast darf durch Extravaganzen auf-
fallen. City – das ist die Innenstadt als gutgeführtes
Unternehmen.

Das City-Center

NICHT Kirchplatz, nicht Marktplatz, nicht Schlossplatz sind heute das Hauptziel eines Stadtbesuchs. Alle Wege führen ins Einkaufscenter. An seiner Schwelle geht die öffentliche Straße in eine private über, und die Besucher respektieren dies. Sobald sie den Privatbesitz betreten, verändern sie ihr Verhalten. Ein junger Mann spuckt seinen Kaugummi auf die Straße, nicht aber auf den Boden eines City-Centers, er zeigt Vater Staat, dass er ihn verachtet, respektiert aber den Privatbesitz eines Investors, auch wenn er diesen nicht kennt. Im City-Center rollen keine Cola-Flaschen über den Boden, keine Zigarettenkippen fliegen herum, es gibt keine Straßenmusikanten, keine Bettler, keine Ball spielenden oder herumtollenden Kinder, keine frei laufenden Hunde und kaum Leute, die ihr Essen in der Hand balancieren und achtlos ein paar Pommes frites auf den Boden fallen lassen. Das gute Benehmen, das die neue Innenstadt auszeichnet, perfektioniert sich im City-Center, hier weiß jeder, dass er Gast ist. Die gesittete Stadt ist zu sich selbst gekommen.

Das City-Center ist das Herz dieser gesitteten Stadt. Jeder Besucher kommt sich in der modernen City klein vor und verhält sich artig: kahle Mauern, hohe Glasfassaden, harter Asphalt schüchtern ihn ein. Keiner Ausschweifung wagt er sich hinzugeben. Im City-Center gar benimmt man sich so, als sei man Gast in einem vornehmen Haus: Marmor, Kuppel, Empore, diese architektonischen Machtsymbole aus vergangenen Jahrhunderten, heiligen diesen Ort des Geschäfts – und wer je wollte schon im Tempel, und sei es in dem des Konsums, ungezogen sein?

Das Einkaufszentrum dirigiert auch den Tageslauf der Stadt. Sobald es am Abend geschlossen wird, erstirbt das Leben im öffentlichen Raum. Die Jugend zieht es in die Diskotheken am Rande der Innenstadt, ein paar Erwachsene bleiben im Sommer zurück auf den Terrassen vor Museen, Bistros und Cafés, der Strom der Menschen aber auf den Straßen versiegt. Am nächsten Morgen entsteht in den umliegenden Frühstückscafés ein kurzer Andrang, weil Kunden, zu früh angekommen, auf die Öffnung der Pforten warten. Das City-Center beherrscht Raum und Zeit, ohne je, wie Rathaus oder Kirche, an Herrschaft zu erinnern.

Herrschaft ist es ja auch nicht, was hier ausgeübt wird, sondern Verführung. Die Gesellschaft teilt sich nicht mehr in dem Maße wie einst in eine luxurierende Oberschicht auf, die kauft, und eine arbeitende Bevölkerung, die ihren Lebensunterhalt verdient. Die ökonomische Prosperität der Gesellschaft von heute hängt davon ab, dass sich auch der produzierende Arbeiter, eigentlich ein Kostenfaktor für Unternehmen, in einen konsumierenden

Kunden verwandelt. Das City-Center bereitet diese Umwandlung durch ein Schauspiel vor, das alle Sinne beschäftigt. Die Waren, an deren Herstellung und Verkauf die Besucher, meist Arbeiter oder Angestellte mit kleinem und mittleren Einkommen, teilweise sogar beteiligt gewesen waren, sind ins schönste Licht gerückt, ins Spotlight der Schaufenster, ins Rampenlicht der Reklamen und – vor allem – ins Sonnenlicht, das aus der Glaskuppel hernieder sinkt. Die Kuppel unterscheidet das Center vom Kaufhaus: nicht nur, weil sich unter ihr einkaufen lässt ohne Sorge ums Wetter, und nicht nur, weil sich in ihr die Gerüche von Speisen sammeln und dem Privatraum das Odeur eines Gourmettempels verleihen; das Glasdach erweckt auch den Anschein, dass die zu konsumierenden Waren, die hier gestapelt sind, mit Zustimmung des Himmels angeboten werden. Im Unterschied zu den Geschäften auf Straßenniveau ist hier Konsum, gerade so wie die Arbeit in den Büros, die um das Center herum verrichtet wird, auf Etagen verteilt, übereinander gestaffelt und als Panorama zu erfassen. So hat auch der Konsument an dem Gefühl Anteil, dass der Platz, zu dem er hinauf gelangen will, teuer ist und Zeit Geld. Er, der sich sonst nur auf der Horizontalen der Straße bewegt, darf nun selbst die Höhendimension, die zur Global-City gehört, durchmessen. Die Rolltreppe ist daher das zentrale Schmuckstück eines jeden Einkaufszentrums. Aller Charme der Technik wird eingesetzt, um Auge und

Ohr mit dieser gefälligen Einrichtung zu beschäftigen. Manchmal ist die Rolltreppe ganz aus Glas; durchsichtig von allen Seiten, summt sie leise und melodisch durch die Halle; manchmal liegen die beiden Spuren nach oben und nach unten so weit auseinander, dass sich zwischen ihnen ein Schwindel erregender Blick in die Tiefe auftut, zumal wenn der Schlund sich, wie im Berliner Lafayette, zu einer umgekehrten Pyramide verengt. Die Landeplätze auf jedem Stockwerk sind Terrassen mit Weitblick und nähren die Illusion: »dies alles ist mir untertänig«. Essen und Trinken sind auf jeder Terrasse vorgesehen, denn das wichtigste Organ des Kunden, der emporrollt und im City-Center seine Beine nicht mehr braucht, ist der Magen. Ohne ökonomisches Kalkül freilich wird die Himmelfahrt nicht inszeniert. Die Höhenstaffelung der Geschäfte verlängert die Einkaufsstraße auf gleichgroßem Grund um ein Vielfaches, die Rolltreppe lenkt noch dazu den Blick des Kunden an jedem Anbieter vorbei. Victor Gruen (1903–1980) hat diese Idee einer »Stadt der kurzen Wege« erfunden, die die Verkaufstraße im Vergleich zum genutzten Grund beträchtlich verlängert.

Der Name des Frankfurter Centers, »MyZeil«, eine hübsche Mischung aus Dialekt und Weltsprache, könnte als der Begriff schlechthin für jegliche Art von Einkaufszentrum dienen. Er fasst die wirkliche wie die vorgespiegelte Besitzsituation, die für jede dieser Einrichtungen gilt, in nicht mehr als zwei Worte. Die Straße, in Frankfurt die Zeil, wird zum Privateigentum des Investors, der sie nun »My Zeil« – meine Zeil – nennen darf. Wie jeder Gastgeber überlässt er sie auf Zeit seinem Gast, und nun fühlt auch dieser sich wie in »Seiner Zeil« zu Hause.

Der amerikanische Beigeschmack, den der Name »MyZeil« hat, erinnert an die Herkunft des deutschen Einkaufscenters aus der Mall. Der wesentliche Unterschied zwischen diesen beiden Formen des überdachten Marktes ist die Lage, einmal innerhalb, einmal außerhalb der Stadt. Damit verändern sich das Angebot der Waren wie das Kaufverhalten der Kunden. Die Mall, nur mit dem Auto erreichbar, umgibt ein Ehrenhof aus Parkplätzen. Das deutsche Center sitzt, wie eine Spinne, an den belebtesten Plätzen der Stadt. Es muss die Parkplätze verstecken, denn es liegt am Rande oder manchmal auch mitten in der Fußgängerzone und jeder, der durch sie hindurch schlendert, wird, da es zwischen Straße und Passage, zwischen dem Weg und den Geschäften keine hemmende Schwelle geben darf, geradezu ins Einkaufscenter hineingleiten. Einen Einkauf in der Mall hat der Kunde, der eigens anreisen muss, im Voraus geplant, das City-Center hingegen setzt auf die Verführung durch unverhoffte Angebote. Neben dem Notwendigsten, was man braucht, vom Schal bis zum Schuh, vom Brot bis zum Brotaufstrich, findet sich daher viel Überflüssiges: Biokosmetik, Luxuselektronik, Badespaß. Das eigentliche Lockmittel dieses Marktes aber, der kaum je teuere Ware anbietet, ist nicht die

Ware selbst, sondern der Preisnachlass. In seinem 2012 erschienenen Buch »Events and Urban Regeneration« wirft Andrew Smith dem Einzelhandel vor, sich sehr bewusst für den »Low-Cost-Trend« entschieden zu haben. Das Schild mit dem roten Balken, der den Normalpreis durchstreicht, illuminiert das Konsumparadies. Im Unterschied zum praktischen Verhalten in der Mall wird jeder Besuch im City-Center zum unvorhergesehenen Ereignis, zum glücklichen Zufall.

Konsumglück aber kann nur durch Preisnachlass erreicht werden, denn Überraschungen anderer Art sind – außer kleinen architektonischen Variationen – im City-Center nicht vorgesehen. Die Investoren haben Firmen unter Vertrag, mit denen sie in jeder Stadt dasselbe Angebot zusammenstellen. Diese Anchor-Mieter richten Anchor-Stores ein, die, wie Saturn oder Rewe, als »Magnetbetriebe« in jeder Stadt dieselben sind. Reisen in eine andere Stadt in der Hoffnung auf individuelle Entdeckungen befreien nicht von der Wiederholung und Langweiligkeit des Angebots. City-Center haben nicht nur einen einheitlichen, sie haben einen starken und unwandelbaren Charakter: Dieser prägt inzwischen alle größeren deutschen Städte und ihr Einzugsgebiet. Originelle Einzelgänger sind nicht erwünscht. Das City-Center kann zwar aus sehr kleinen Boutiquen bestehen, doch sind auch sie in der Hand großer Ketten – der Großhandel tritt gern verkleidet als Kleinhandel auf. Die Monotonie des Angebots wird kaschiert durch Events im Zentralraum des Centers: Toskanische Woche, Dior-Parfum-Aktion, Dirndl- und Lederhosenbühne zum Münchner Oktoberfest, Signierstunde von Fußballspielern oder Filmstars. Um die »Festivalisierung« des Konsums zu bewerkstelligen, bedarf es vieler kleiner Festspiele.

Dadurch unterscheidet sich das City-Center von der Passage des 19. Jahrhunderts, die nur scheinbar ihr Vorläufer ist. Auch in ihr gab es die Bewachung am Tag und den Torschluss am Abend. Solche Sicherung war nötig, weil in den Auslagen Kostbarkeiten präsentiert wurden, die zu schützen waren. In der Passage musste der Besucher und auch der Flaneur nicht lange warten, bis er den Eigenbrötler und Sammler entdeckt hatte. Noch heute warten in Londoner und Pariser Passagen Luxusgüter wie die Blaue Mauritius oder die Breguet-Uhr auf Käufer, die ebenso reich sind wie diese Güter teuer und eine ebenso riskante Liebhaberei pflegen wie die Ladenbesitzer. Allerdings ist auch von diesen weltstädtischen Passagen des 19. Jahrhunderts kaum mehr geblieben als eine des Bestaunens werte Auslage. Statt reicher Einzelgänger und Liebhaber für aparte Objekte schieben sich heutzutage neugierige Touristen durch die Erinnerungsstücke der weltstädtischen Passagen und verlassen sie enttäuscht, weil hier nichts als eine historische Erfahrung, aber kein einziges Schnäppchen zu machen war.

Von der Passage aber hat das City-Center ein Design übernommen, das auch heute noch dem

73

Käufer gefällt und ihn anlockt. Das City-Center nutzt, wie die Passage, die Effekte von Höhe, Licht und Spiegelung. Die Straße draußen ist grauer Asphalt, versiegelte Erde; im City-Center liegt sie, ausgelegt mit Granit, Schiefer, Marmor im Rampenlicht. Auch in dieses Konsumparadies blickt durch die Glaskuppel – wie einst in den großartigen Szenarien des 19. Jahrhunderts, etwa der Galeria Vittorio Emanuele – der Himmel herein, auch hier täuschen Glasvitrinen das Auge, so dass es kaum mehr wahrnimmt, was in der Auslage liegt, auch hier blenden die Edelstahleinrichtungen der Läden und Cafés. Zwar sind im City-Center, wie überall und trotz der autofreien Straßen, die Wege nichts weiter als nützliche Pfade der Fortbewegung; und doch wird hier Raum verschwendet. Der Platz scheint nicht zu fehlen, den es braucht, um eine Aura zu erzeugen. Da sich die Einkaufsstraße nach oben ausdehnt, darf auf Straßenniveau eine Leere entstehen, die eine gläserne Kuppel überwölbt. Zur Weite kommt die ungewöhnliche Höhe des Raumes: von der »Krypta« im Untergeschoß, in die man meist hineinsehen kann – dort befinden sich Supermärkte und der Eingang zum Parkhaus –, bis zur gläsernen Wölbung, die dem City-Center die Aura einer Kathedrale und dem Besucher erhabene Gefühle verschafft. So ist das City-Center die wahre Mitte der Innenstadt und vereint in sich jene Orte, die ehemals Zentren waren: Markt und Kirche.

74

Stundenplan, Stadtplan

WER von auswärts in eine Stadt kommt, weiß genau, was er von ihr zu erwarten und was er, heimgekehrt, von ihr zu berichten hat: München – zum Beispiel – ist reich, amüsant, eine Kunststadt mit einer guten Oper, die Hamburger sind kühl und steif, die Schwaben verspießert, in Berlin fiel man in den siebziger und achtziger Jahren an jeder Ecke in eine Intellektuellenkneipe, und jede Nacht schwamm man dort in Geist; heute hat man, wenn man jung ist oder sich so fühlt, von den vielen Partys zu schwärmen und den Chancen auf Begegnungen, die auf einen warten. Die scheinbar persönlichen Erfahrungen sind Klischees, die in einem historischen Augenblick der Stadtgeschichte vielleicht der Wirklichkeit entsprachen und als Wesen an ihr hängen geblieben sind. In heutigen Innenstädten – und von ihnen soll nicht nur hier gesprochen werden, von ihnen spricht auch der heimgekehrte Besucher –, in den Citys also, die von immer gleichen Investoren immer gleicher gemacht werden, ist von einem lokalen Charakter kaum etwas zu spüren.

Der Besucher erlebt in jeder City, ob er nun aus dem Umland kommt oder aus der Ferne, dasselbe, aber er erlebt zu verschiedenen Zeiten verschiedene Städte in ein- und derselben Stadt. Die City hat einen Stundenplan, der Jugend und Alter, Männer und Frauen nach den Gesetzen von Geschäft und Vergnügen über den Tag hinweg verteilt und zu unterschiedlichen Tageszeiten durch Straßen, Kaufhäuser und Lokale lenkt. Man bekommt in der Tat den Eindruck, in immer anderen Städten gewesen zu sein, je nachdem, ob man dort um 9 Uhr morgens, um 12 Uhr mittags oder um 22 Uhr nachts gewesen war. Frankfurt um 9 Uhr ist wie Berlin und Stuttgart um 9, aber anders als Frankfurt um 12 Uhr oder Berlin und Stuttgart.

Begänne ein Besucher also seinen Tag um 9 Uhr in Frankfurt, so erlebte er auf der Zeil, was zur selben Zeit ein anderer in Stuttgart auf der Königsstraße vorfindet und was sich in fast jeder deutschen Großstadt um diese Zeit abspielt: den Aufmarsch der Angestellten, der dem Auge erfreulich ist: junge Leute, die dem Arbeitsplatz in Büro und Geschäft zueilen und für ihren Arbeitgeber noch durch ein adrettes Aussehen zu werben haben. Nach Öffnung der Kaufhäuser um 10 Uhr verteilen sich die Seniorenpaare zum Einkauf über die City. Aus Gang und Haltung des Paares lässt sich eine ganze Lebens- und Kulturgeschichte ablesen. Bildungschancen, Quotenregelung und eigenes Talent haben Frauen ins öffentliche Leben hineingeführt; ihre Emanzipation bewegt sich voran als schleichender, aber unaufhaltsamer Prozess. Über sie muss man sich keine Gedanken machen. Zu sorgen hätte man sich, beobachtet man den morgendlichen Ausgang, eher um die Emanzipation der Männer über 65, der Rentner, Pensionäre, Kleinst-Aktionäre, Spätstudenten, Weltreisenden. Bislang in achtbaren beruflichen Stellungen, übernehmen sie nun die Rolle des Begleiters und hängen, trotz der Titulaturen und Auszeichnungen, die sie bislang schmückten, am Gängelband. Ein aus dem Berufsleben ausgeschiedener Mann entkommt seiner Frau nur schwer. Das Alter hat sie aus der Enge des Familienlebens befreit, ihn jedoch in dieses zurückgeführt. Für Ausflüge in Freiheit und Selbständigkeit findet er kein überzeugendes Argument mehr: Freunde sind keine Kollegen mehr, müssen also nach dem Wegfall gemeinsamer Geschäfte auch nicht unbedingt alleine besucht werden; Reisen sind keine Geschäftsreisen mehr, deshalb kann die Frau den Mann begleiten; andere Frauen sind keine Sekretärinnen mehr und also für den Umgang des Mannes tabu. Männer über 65 sind im Haus, im Familienleben und im Kreis der Freundinnen ihrer Frau gefangen. Den Frauen gewährt das Schicksal nach so langer Unterordnung diesen bescheidenen Sieg.

Das ältere Ehepaar tritt, obwohl nur aus zwei Mitgliedern bestehend, gern im Gänsemarsch auf: Die Frau leitet die Entdeckungsreise in die City, der Mann folgt, entspannt und ein wenig verlegen. Denn nun werden die Territorien aufgesucht, in denen die Frau seit je Fachmann war: Kleidergeschäfte, Lebensmittel- und Delikatessenläden, Haushaltswarenabteilungen. Die Prüfung der Konsumgüter obliegt den Frauen, der Mann darf sie mit einem Nicken oder Kopfschütteln bestätigen oder ablehnen. Was der Prüfung standhält und mitgenommen wird, darf er nach Hause tragen. Vom Kaufhaus sieht man die Gattin unbeschwert, den Gatten mit Plastiktüten bepackt zum Parkhaus schreiten.

In den späten Morgenstunden geht so in der City ein Stück Familiengeschichte zu Ende, das Simone de Beauvoir in ihrem Buch »Das Alter« im 19. Jahrhundert beginnen lässt. Damals sei der Greis vom Patriarchen zum Großvater geworden. Victor Hugos Gedichtsammlung »L'Art d'être Grand-père« (1877) verklärt diese Metamorphose des Mannes vom Geschäfts- zum Familienmenschen. Auf den Boulevards erscheint er mit seinen Enkeln, bleibt dabei aber immer noch Herr. Herren wollen sie nicht mehr sein, die älteren Männer, die heute in der Stadt an der Seite ihrer Frau erscheinen, und ihre Funktion als Großvater stellen sie öffentlich erst am Nachmittag zur Schau.

Zwischen Seniorenauftrieb am Morgen und der nachmittäglichen Caféstunde (die es gelegentlich sogar in der City noch gibt) entfaltet sich zur Mittagszeit die wahre Struktur der City; erst dann stoßen jene Gruppen aufeinander, deren Unterschiede und Zusammenwirken ihren Charakter eigentlich prägen. Der Besucher sollte dies High Noon am besten in Berlin am Potsdamer Platz studieren, um die Szenerie möglichst augenfällig vor Augen zu haben, die sich um diese Zeit in jeder deutschen City abspielt.

Am Potsdamer Platz, dem City-Center schlechthin, setzt sich der typische Mittagstisch der bundesrepublikanischen Innenstadt anschaulich in Szene. Das Angebot an Fast Food ist hier von hoher Qualität, und das hat seinen Grund. Nirgendwo ist die City so eindeutig die Kantine gutverdienender Angestellter wie hier und zu dieser Stunde. Wer im Center am Potsdamer Platz speist, ist umgeben von einem Kessel aus Bürohochhäusern, aus deren Fenstern die Arbeit auf ihn herabblickt. Zur Mittagszeit kommen die, die sie leisten, in Aufzügen und auf Rolltreppen herab und vermischen sich mit den Touristen. Durch die Gemütlichkeit der Provinz schießen nun Männer mit Rückgrat hindurch, neben dem Anorak erscheint der Herrenanzug, und wenn bis dahin im gläsernen Tempel das Tempo gemächlich war, so geht es auf einmal schwungvoll zu. Es wird heftig geredet, gelacht, gewunken – und, leichtsinnig gemacht durch die halbstündige Befreiung aus der Rasterarchitektur des Büros, gönnen sich – dies allerdings eine erstaunliche Besonderheit des Berliner Orts – zum Abschluss des Lunchs selbst Manager ein Eis und strecken so der Welt die Zunge heraus.

Nach dieser mittäglichen Turbulenz, in der die Trägheit der Wendigkeit begegnet, die Leibesfülle der asketischen Schlankheit, beruhigt sich das Leben in der Passage wieder. Vor allem wird das Tempo durch ein Phänomen herabgesetzt, das gelegentlich auch am Vormittag schon auftaucht, am

Nachmittag aber zu gelegentlichen Staus in der City führt: den Trupp.

Dem Trupp geht ein Führer voraus, er hält die Fahne hoch, die auch ein Regenschirm, ein Teleskopstock oder ein Wimpel sein kann. Freilich gibt es den Trupp nicht nur in der City, er ist zur festen gesellschaftlichen Einrichtung geworden, am Heimat- wie am Ferienort. Museen und Denkmäler werden im Kollektiv besucht, Kunstvermittler bieten das geführte »Galerie-Hopping« an, in Bibliotheken folgen ältere Damen aufmerksam und Schüler unaufmerksam den fachkundigen Unterweisungen über das Katalogsystem. In den Innenstädten nutzen die Rathäuser die Sitte und führen ihre Einrichtungen Bürgern gruppenweise vor. Wer es in der City eilig hat, wird oft genug durch Trupps aufgehalten, die durch Einkaufszentren pendeln, einen bestimmten Typ von neuen Straßenlaternen studieren oder über das Bewässerungssystem der Stadt unterrichtet werden. Selbst zentrale, leicht erreichbare und bekannte Orte in einer Stadt werden noch einmal im Trupp besichtigt, wie etwa die »Hackeschen Höfe« in Berlin oder die »Fünf Höfe« in München, eines der noblen »City-Center«, die vor allem Schüler-Trupps durchstreifen. Jugendliche erkunden heute nicht mehr die Stadt alleine, auch Eltern fühlen sich kaum dafür verantwortlich, sie ihren Kindern auf Spaziergängen als »ihre« Stadt bekanntzumachen. Goethe beschreibt in seiner Autobiographie und Gottfried Keller im »Grünen

Heinrich« die Exploration der Stadt als Abenteuer des Kindes. Heute jedoch erleben Schüler das Abenteuer Stadt als pädagogisch geführten Streifzug. Gerade der Übergang vom sitzenden Studium im Klassenzimmer zum Lernen im Gehen und Stehen zeigt die Verbindlichkeit des Lebensstils City, der eine Kommunikation im Kollektiv und in ständiger Bewegung vorschreibt.

Einsamkeit nämlich soll heute niemandem mehr zugemutet werden. Die Angst vor der Masse und die vor der Einsamkeit in ihr beunruhigten Soziologen und Philosophen des 20. Jahrhunderts. Heute kennt man nicht mehr die Angst vor der Masse, die den Städter noch im 19. Jahrhundert, jener Epoche der sozialen Aufstände, belastete. Unbehagen vielmehr bereitet der Gedanke an die Vereinsamung zu Hause. Die temporäre Vereinigung zum Trupp ersetzt den nachbarschaftlichen Kontakt. Die Bewohner eines Viertels treffen sich nicht mehr zum Schwatz vor der Haustüre; Stadtführer versammeln sie dazu vor einem Denkmal. Das didaktische Konzept stellt einen Ausgleich her zwischen der Angst vor der Masse und der Einsamkeit ohne sie.

Der Zustrom zu dieser Art geselliger Welterfahrung beweist jedoch zugleich auch, dass sie ein Versprechen auf Befreiung von sozialen Bindungen enthält. Als kompakte, aber vorübergehende, also unverbindliche Einheit für wenige Stunden bietet der Trupp dem Einzelnen die Möglichkeit, auto-

nom, aber nicht allein zu sein, den Zwangsgruppie-
rungen von Familie und Beruf zu entkommen, ohne
alle sozialen Beziehungen zu verlieren. Sogar junge
Mütter befreien sich aus der Familienbindung und
vereinen sich mit anderen Müttern im Café zum
Trupp, wo sie eine Burg aus Kinderwägen aufbauen
und sich und ihren Nachwuchs im Kollektiv nähren. Bereits Kleinkinder werden so auf die Existenz
im Trupp vorbereitet. Fünf oder sechs von ihnen
schiebt gelegentlich eine Kindergärtnerin im neuesten Gefährt, dem sogenannten Kinderbus, durch
die Straßen.

Der Trupp demonstriert die demokratische Struktur der neuen Stadt. Angler oder Bibliophile pflegen ihren Spleen alleine, sie schließen sich von den
Freuden der truppalen Existenz aus. Die zerstreute
Aufmerksamkeit der Teilnehmer an einer Führung
im Trupp jedoch richtet sich auf einen Gegenstand,
bei dem keiner der Teilnehmer einen Wissensvor-
sprung besitzt, für den keiner eine übertriebene
Leidenschaft zeigt. Die temporäre Geschlossenheit
des Trupps setzt auch ein ungefähr gleiches Alter voraus. Im allgemeinen besteht er aus Bürgern
vor oder nach der Zeit der Berufstätigkeit und bietet dieser Altersgruppe die Chance einer autoritäts-
freien Kommunikation.

Kulturvermittler zehren von den Erfahrungen, die
einst der Einzelreisende als Bildungsgut entdeckte.
Auch in der Heimatstadt führt die Kurzreise im
Trupp dorthin, wo sich früher der Kunstliebhaber

und der Flaneur aufhielten, in Museen, Bibliotheken, Passagen, aber auch in traditionelle Cafés der Avantgarde, an Orte also, die einmal eine exotische Entdeckung des romantischen Sozialismus gewesen waren – und sobald sich heute ein neues Revier dieser alten Intellektuellen auftut, wie nach der Wende Kreuzberg oder Prenzlauer Berg, rückt der Trupp nach und besetzt es. Bonvivant, Flaneur und Intellektueller – falls es sie noch geben sollte – beklagen deshalb am neuen Kulturerlebnis im Trupp die Besetzung ihrer Lieblingsorte. Demokraten erkennen darin eine gerechte Verteilung von Bildungsgütern, geschäftstüchtige Unternehmer und Kaufhäuser einen finanziellen Vorteil, Stadtväter erhoffen einen Gewinn an Publicity für ihre Stadt. Das Ausschwärmen der Trupps darf in der Tat als friedliche Revolution gelten, die nach all den politischen Revolutionen des 19. und 20. Jahrhunderts und als ihre Konsequenz den kulturellen Besitz noch einmal enteignet und gleichmäßig verteilt.

Nicht nur durch den Stundenplan, auch durch den Stadtplan, der Cafés, Bistros, Geschäfte über die City verteilt, gleichen sich die Großstädte. In der U-Bahn-Station trifft jeder Ankommende auf Yorma's und Hotalo, nach dem Ausstieg stößt er auf Starbucks und McDonald's. An diese kalorienspendenden Tankstellen schließen sich Mediamärkte und Modegeschäfte für sehr junge Frauen an.

Im früheren Stundenplan der City war vorgesehen, dass Frauen das Straßenbild dominierten.

Doch hat sich der Charakter der Geschäfte und ihre Geographie in der Innenstadt so grundsätzlich geändert, dass Frauen dort nicht mehr die Hauptrolle spielen. Heute findet in der City eine andere geschlechtliche Verteilung statt als im Zentrum der früheren bürgerlichen Stadt. Die breiten Pariser Boulevards, vorbildliche und idealtypische Ausgestaltung dessen, was jede Stadt sein wollte, entstanden als Revier der eleganten Frau, die sehen und gesehen werden wollte. Die Geschäfte, die sich dort niederließen, für Schuhe, Hüte, Dessous, all das, was in Zolas Roman »Au Bonheur des Dames« (1883) im Kaufhaus zum Verkauf ausgestellt ist, aber auch Möbel, Gardinen, Delikatessen, Blumen, Parfüm, Antiquitäten, Porzellane und Juwelen, boten ihre Waren Frauen an, deren Gedanke den Körper umkreiste oder das Haus einrichtete. Kein Wunder, dass Männer, mit Beruf und Konkurrenz beschäftigt, für ihre Phantasie dort keine rechte Unterhaltung fanden. Der Mann versteht sich nun einmal als homo faber, als Handwerker; um sein Glück zu realisieren, bedient er sich eines Geräts. »Es ist«, so stellte August Wilhelm Schlegel schon um 1800 fest, »als wenn die Weiber alles mit eignen Händen machten und die Männer mit dem Handwerksgerät.« Das eine Fotogeschäft also, das sich immerhin nach dem Zweiten Weltkrieg zwischen die Lustorte der Frauen schob, konnte dem Desinteresse der Männer am weiblichen Ambiente der Innenstadt nicht abhelfen.

84

Die Orte des modernen Mannes hingegen lagen bis in die Siebzigerjahre des vorigen Jahrhunderts hinein am Rande der Stadt. Männer fanden in Spezialgeschäften und Großmärkten außerhalb der Innenstadt ihr Spielzeug: Autos, Autozubehör, Motorräder und Motorradkleidung, Radios, Musiktruhen, technisches Gerät, Handwerkszeug, Baumaterial. Zu diesen Geschäften begaben sie sich in ihren Autos auf jenen in den Sechzigerjahren eigens angelegten Ringstraßen, die das Zentrum und damit das weibliche Revier einschlossen. Die Einrichtung der autofreien Zone in der Innenstadt vertiefte die Geschlechtertrennung, das Revier des weiblichen Konsums war von der übrigen Welt durch die Rennbahnen der Männer getrennt.

Als aber der Boden in der City teuer wurde und immer mehr Büros einzogen, traten auch die Männer in ihr auf. Zunächst nahmen sie nicht als Konsumenten am städtischen Leben teil, sondern verschwanden am Morgen und für den ganzen Tag in ihren Firmen. Bald aber wurden auch sie als Käufer entdeckt und zum Kaufgenuss »emanzipiert«. Dadurch hat sich die geschlechtliche Verteilung in der Großstadt gänzlich geändert. Zunächst siedelten sich Fotogeschäfte, Radio- und Videoläden an (Baumärkte freilich oder Autosalons befinden sich meist noch immer an der Peripherie der Stadt). Danach entstanden in Kosmetikgeschäften Abteilungen für den Mann, in der Innenstadt vermehrten sich die Läden für Männermode. »Unisex«, die Mode für beiderlei Geschlecht, vereint die Paare, die bis dahin, was die Mode betraf, zweierlei Reviere hatten. (Noch heute beharrt London auf dieser praktischen Trennung, wie in Savile Row zu sehen, wo sich nur Männer einkleiden können.)

Jugendliche, weibliche wie männliche, wählen, eine weitere Folge der Maskulinisierung der Innenstadt, ihre Kleider heute nach Marken. Die Erziehung des Knaben – anders als die traditionelle des Mädchens – schließt ästhetische Wahrnehmung von Kleidung aus. Knabenhafter Ehrgeiz richtet sich stattdessen auf das Einstudieren von Markennamen, die mit Erfolg verbunden sind: Automarken, Namen von Computerfirmen und Fußballmannschaften. Mode verstehen sie als fachkundiges Wissen, das in den Namen der Designer besteht; mit Bekennermut trägt man solche Namen auf der Brust. Das haben auch die Frauen von den Männern gelernt: Seit den achtziger Jahren verkünden sie auf Gürteln, Shirts und Taschen den Erfolg ihres Modeschöpfers. Ein Katalog von männlichen Siegernamen – Christian Dior, Calvin Klein, Yves Saint Laurent, Joop, Adidas, Jack Wolfskin –, wird, da bis vor kurzem Modemacher vor allem Männer waren, von Konsumenten jeden Alters und Geschlechts durch die Straßen getragen. Weibliche Modeschöpferinnen, eine neue Spezies, präsentieren ihre Namen vorläufig noch viel schüchterner: Die Straßen der City rufen unentwegt die Namen erfolgreicher Männer aus.

Endgültig aber gewann der männliche Käufer die Überhand mit dem Umzug der Einkaufscenter vom Stadtrand oder Umland in die Innenstadt. Die Handelskette Saturn, einer der dominanten Anchor-Stores, oder andere Media-Märkte, die einen Großteil der Passagen in den Großstädten besetzt halten, rechnen vor allem mit jungen Männern aus dem Umland, die vom Rasierapparat bis zum Car-HiFi alles finden, was ihre Spiellust befriedigt. Das Angebot orientiert sich an der männlichen Begeisterung für den technischen Fortschritt. Über die paar Geschirrspüler, Bügeleisen und elektrischen Lockenwickler für Frauen kann das männliche Publikum leicht hinwegsehen. Das City-Center hat den Mann, der bis dahin in der Stadt entweder einsamer Arbeiter oder abendlicher Begleiter seiner Frau und Freundin war, zum Käufer emanzipiert.

Nun aber fehlt noch die Jugend im Straßenbild. Ihr Auftrieb findet bei Nacht und an den Wochenenden statt. Auch hier hat sich, ähnlich wie bei der Verteilung männlicher und weiblicher Käufer, die geographische Lage der Vergnügungsetablissements, der Kinos, Discotheken, Bars geändert. Multiplex-Kinos mit vielen Sälen und Tausenden von meist jugendlichen Besuchern werden, wie das jugendliche Nachtleben überhaupt, an den Rand der City verlegt, wenngleich dies der Erfahrung zu widersprechen scheint, dass der Konsum steigt, sobald kulturelle Veranstaltungen ihn umgeben. Kabarett, Café-Theatre, Kinos waren für die Stadt des frühen

87

20. Jahrhunderts Attraktionen, die auch ein Publikum mit kleinem Geldbeutel anzog. 1888 entstand in Berlin die Kaiser-Galerie, ein Vergnügungszentrum mit Raritätenkabinett, »Illusionssaal« – ein Lach- und Schreckenskabinett –, mit Diorama, Varieté, Automatenrestaurant und, seit 1910, zwei Kinos. Damit waren die teuren, vom Staat subventionierten Theater durch Einrichtungen ersetzt, die sich selbst trugen. Diese Galerien mit Vergnügungsetablissements wurden zur nächtlich genutzten Attraktion der Innenstädte. Die Stadt, einst Bühne der Bourgeoisie, wurde zum Tummelplatz für Angestellte, die wussten: »die Nacht ist nicht allein zum Schlafen da.«

Heute sind diese Etablissements weitgehend aus der City ausgezogen. Eine historische Topographie des Kinos könnte zeigen, wie sich die Disziplinierung der Innenstadt gegen das Vergnügen durchsetzte. Kinos, diese Dunkelkammern mit Zutritt für jedermann, schürten von Anfang an das Misstrauen der Bürger. Sie trugen nicht allein zur Verbilligung des kulturellen Angebots bei, man fürchtete auch eine Demoralisierung der Massen, zeigte doch das Kino in aller Öffentlichkeit Szenen, die bis dahin nur in intimen Räumen möglich waren. In London wehrte man sich in »Sittlichkeitsdebatten« gegen Kinos in der Stadt, im vornehmen Bloomsbury wurde eine kinofreie Zone durchgesetzt, statt dessen entwickelten sich West-End und Leicester-Square zum Kinogebiet und erfuhren eine Abwertung, die bis heute gilt.

Heute trifft sich die Jugend in Kinopalästen am Rande der City, die allerdings gut an sie angebunden sind, denn auf den Auftritt der Jugend kann die Innenstadt nicht verzichten. Dort erscheint sie gesittet, wie es sich gehört, und leistet sich höchstens ein paar Lieder und eine Flasche Cola, die sie auf die neugepflasterte Straße gießen darf. Vor allem aber hat die Jugend dafür zu sorgen, dass auch in der Nacht die Straßen nicht leer sind. Leere Straßen, leere S-Bahn-Stationen zu späten Tageszeiten würden die City zurückverwandeln in die Spießerstadt, deren schmählichster Vorwurf es gewesen war, kein Nachtleben zu haben. Billige Lokale an Durchgangsstraßen nehmen die jugendlichen Nachtschwärmer auf, die dicht gedrängt auf dem Bürgersteig Bier trinken, rauchen, lieben. Sie sind gelegentliche Ruhestörer in der nächtlichen Stadt, die die Polizei zurrechtweisen muss, aber sie streunen durch die City zu einer Zeit, in der kein Käufer mehr erwartet werden kann.

Zu jeder Tageszeit also werden andere Gruppen angeregt, die Forderung nach »Urbanität durch Dichte« zu verwirklichen. Kaum hat die Jugend sich schlafen gelegt, beginnt schon wieder das Frühstück der Senioren und der Aufmarsch der Angestellten, danach kommt der Mittagstisch von Touristen und Büropersonal, ihm folgen Kaffekränzchen, Shopping, Führungen in Trupps, bis wieder die Jugend am Abend und zur Mitternacht ihren Posten in der City einnimmt.

Keine Politik, wenig Geschichte

DIE City gibt sich als apolitischer Ort, in dem menschliche Kommunikation einen Moment lang nichts als Glück verheißt. Klassenstolz und Standeshochmut wären unangebracht in dieser entspannten Situation einer unproduktiven Pause, wo auch das politische Bewusstsein schläft. Die Metropole des 19. Jahrhunderts war eine Bühne, auf der sich der Bürger als politische Person vorstellte und sich zugleich über die Politik unterrichtete. Der schreibende Intellektuelle im Café und der lesende Bürger am Nachbartisch waren ein zusammengehöriges Paar, das die doppelte Perspektive der Öffentlichkeit repräsentierte: Der eine beobachtete und beschrieb die städtische Gesellschaft, der andere las über sie. Das Symbol der intensivierten Öffentlichkeit war die Zeitungslektüre. In jedem renommierten Café des 19. und noch des 20. Jahrhunderts hingen mehrere Zeitungen am Garderobenständer – beide, Zeitung wie Garderobenständer, sind heute in der Regel verschwunden! Die Kürze der Atempause zwischen den Geschäften macht den Garderobenständer überflüssig – aus den Büros eilen die Angestellten meist ohne Mantel herbei; die übrigen Gäste ahmen die Vielbeschäftigten nach und halten Mantel oder Jacke griffbereit auf dem Schoß oder werfen sie auf den Stuhl neben sich. Die Zeitung brauchen sie ebenfalls nicht, für sie haben sie weder Zeit, noch würden sie dem Betreiber der Restauration eine Freude bereiten, wenn sie lesend zu lange bei ihm verweilten. Zeit und Raum, die zur Verfügung gestellt werden, sind zu kostbar für eine Lektüre.

Die Funktionen von Privatheit und Öffentlichkeit haben sich im Vergleich mit dem 19. Jahrhundert in der Gegenwart völlig verändert, ja geradezu umgekehrt. Seit der Antike war der Mittelpunkt der Polis ein Ort der öffentlichen Erörterung, Verwaltung und Entscheidung. Das 19. und 20. Jahrhundert unterschied auf den Straßen immerhin noch zwischen dem Bürger, der aus privaten Gründen unterwegs war, und jenem, der in der Stadt durch Zeitungslektüre und Bücher seinen politischen Standpunkt suchte und ihn durch Schreiben – oft gleich am Caféhaustisch – öffentlich machte. Der schreibende Intellektuelle und der lesende Bürger, diese Pendants der demokratischen Mitsprache, hielten das Café besetzt als sichtbar gewordene Kritik, zumal nachdem in Frankreich unter Napoleon III. Zeitungen mit einer hohen Gebühr belastet wurden und für Privatleute kaum mehr erschwinglich waren. Caféhausbesitzer abonnierten deshalb die teuren Publikationen und stellten sie ihren Kunden zur Lektüre zur Verfügung. So war der Besuch im Café an sich schon ein politischer Akt und ein Protest gegen staatliche Bevormundung.

Heute findet politische Information zu Hause statt. Das private Zeitungabonnement war ein billiges Angebot, das, als die Zensur aufgehoben wurde, der politischen Nervosität der Innenstadt ein Ende setzte. Die Kioske wurden weitgehend überflüssig. In deutschen Städten sind sie – anders als in italienischen und französischen – selten geworden. Der heutige Besucher einer Stadt weiß, wenn er dort seinen Imbiss einnimmt, längst, wie es um die Welt steht: Bereits am frühen Morgen haben ihm Radio, Fernseher, Presse, Smartphone oder bei der Autofahrt in die City mehrere private Sender, in der S-Bahn der Bildschirm auf dem Bahnsteig die neuesten Tagesereignisse mitgeteilt.

Die Aufmerksamkeit dessen, der sich in der Stadt aufhält, richtet sich deshalb am wenigsten auf die Gemeinschaft, in der er sich bewegt, und auf deren Belange; er wendet sich, in der City angekommen, vielmehr zurück auf seine eigene Existenz, auf die der Freunde oder des Geschäfts. Das Handy hat es dahin gebracht, dass die Menschen in der Stadt sind, ohne in ihr zu sein – und dies vor allem unterscheidet die City vom früheren Stadtzentrum. Wer sich heute in der Kernzone von Verkehr und Geschäft aufhält, schaut nicht nach Außen, er hört nach Innen auf eine Stimme aus dem Off, die ihn in die eigenen Angelegenheiten zurückholt. Die Stadtbesucher beziehen sich auf Menschen, doch weniger auf die, die sie vor Augen haben, als auf jene, die zu ihrem Lebensmittelpunkt gehören. Das

Prinzip der Organisation für Warenlieferungen, »just in time«, gilt auch für die Besucher der City. Sie geben unentwegt Signale über den Ort, an dem sie sich gerade befinden, wann sie wo wieder verfügbar seien, wann sie weitere Aufträge entgegennehmen könnten. Diese Bereitschaft richtet sich nicht nur auf Geschäfte, die einen finanziellen Erfolg versprechen. Auch Schülerinnen kopieren und übertreiben das Geschäftsgebaren der Manager und machen ihr Herz zum Umschlagsplatz, über dessen Hausse und Baisse unentwegt Nachricht gegeben werden muss. Jeder Sitz- und Stehplatz in der Stadt, und nicht nur der U-Bahnhof darunter, wird als Station benützt – die Standardinformation von dort aus lautet stets: »ich bin jetzt gerade...« Der Mensch behandelt sich selbst wie eine Ware, die nicht zu lange lagern darf.

In der Global-City der politisch gut Informierten, aber im Augenblick politisch nicht Interessierten regieren andere Leitbilder als in der Stadt des 19. Jahrhunderts; diese haben freilich eine gesellschaftliche Funktion, auch wenn sie dem Betroffenen nicht bewusst wird. Im Freizeitpark, als der sich die Stadt gibt, treten, nicht anders als in der einstigen Innenstadt, gesellschaftliche Strukturen zutage, die den gesamten Alltag prägen, nicht nur den Aufenthalt in der Stadt. Unter den Rollen, die am liebsten gespielt werden, ist die des geschäftstüchtigen Managers die bevorzugte. Die City wäre kein so beliebter Aufenthalt, wenn man dort nicht die Atmosphäre des großen Geschäfts atmete. Repräsentation von Macht und Tuchfühlung mit ihr gehörten seit je, vom Kapitol über die Rathäuser, Kirchen, Denkmäler bis zum Boulevard des Bourgeois, zum Charakter der Innenstadt. Die Respekt gebietenden Architekturen sind heute Büro- und Bankhochhäuser, weshalb die kritische Intelligenz, soweit sie noch vorhanden ist, wenig Sympathie für die City aufbringt. Die Menge aber weiß, dass dort über ihr Glück und den Reichtum des Landes entschieden wird. Die bedeutsame Existenz des Managers wird zum Wunschbild, dem die Mitglieder der Gesellschaft spontan und unbewusst folgen.

Zeitknappheit ist deshalb zum Statussymbol geworden. Keine Zeit zu haben, ist neuester deutscher Stil. Der Anteil des Einzelnen am Glück des ökonomischen Aufschwungs wurde in der Bundesrepublik seit den frühen fünfziger Jahren proportional zum Aufwand an Zeit berechnet, den er dafür investierte. Glücklich sollte, eine letzte Bestätigung des Calvinismus, nur sein, wer fleißig war; nur unermüdliche Geschäftigkeit führt – ganz anders als in Ländern ohne größere Kriegsschäden, wie etwa Italien oder Frankreich, wo es noch immer den »jungen Rentier« gibt – in die oberen Ränge der Gesellschaft.

Da die Existenz des Managers oder Unternehmers für die meisten Passanten mehr ein Lebenstraum und Lebensentwurf ist, verlockt der schöne Schein des Geschäfts, der sich gerade in der City darstellt, und nicht die wirkliche Arbeit, die es erfordert, zur Nachahmung. In einer Rede vor Abiturienten mutete vor einigen Jahren der Rektor einer deutschen Universität seinen Zuhörern die Behauptung zu, dass ein Studium effektiv nur sein könne, wenn ein Student sechzig Stunden in der Woche arbeite. Jedem Akademiker, er mag nun die Universität in den schwierigen Jahren nach dem Krieg oder in den fröhlichen Zeiten der Studentenbewegung besucht haben, muss dieser Rat wie eine Notlösung für Unbegabte erscheinen. Bislang galt das Studium als eine Lebensphase, in der das Nebeneinander von Lernen und Vergnügen als förderlich galt. Ein Rektor, so darf man annehmen, hat bei seinen Reden vor Studienanwärtern keinesfalls die Absicht, sie vom Studium abzuschrecken, er erfüllt vielmehr die Pflicht, die geläufigen Ideale der Wissenschaft und der Gesellschaft, zu der er gehört, den jungen Menschen ein erstes Mal zu Ohren zu bringen – und so geschah es auch hier. Die Aussicht auf sechzig Stunden Arbeit begeistert Studenten zwar nicht, die Geste des Vielbeschäftigten hingegen zelebrieren auch sie mühelos. Sie haben sie in der City kennengelernt, denn auch Schüler und Studenten gehören zu den Gästen dort. Während früher Jugendliche auf dem Pausenhof eingesperrt blieben und nach dem Unterricht von der Schule sogleich nach Hause zum Mittagessen gingen, verbringen sie heute Zwischenstunden oder die Zeit nach Schulschluss nicht selten in denselben städtischen

Lokalen wie Angestellte und Manager. Auch ihr Tag teilt sich in eine längere Phase der Arbeit und eine kürzere Atempause in der Stadt. In der Schule lernen sie angeblich fürs Leben, in der Stadt üben sie wirklich dafür und imitieren schon einmal den Manager, der sie werden möchten, bei einer kurzen Mittagspause.

Die Lust am Spiel mit Rollen nimmt umso spürbarer ab, je mehr sich Lebensverhältnisse stabilisieren, weshalb die meisten Erwachsenen das Leitbild Manager schließlich ad acta legen. Gemeinsam jedoch bleibt Jung und Alt der volle Terminkalender, und auch hier wirkt der geschäftliche Stil der City auf das Privatleben ein. Hausfrauen und Pensionäre finden ebenso schwer eine freie Minute, in der man sich mit ihnen verabreden könnte, wie der Student, mit dem eine Hausarbeit besprochen werden müsste. Nachdem dieser seinen Terminkalender gezückt hat, ist ihm der Geschäftston des Managers geläufig, er verspricht, den Termin zu »blockieren«, und wenn man, will's der Zufall, den Termin verschieben muss, zeigt er sich entgegenkommend und beteuert beruhigend, dass er ihn »umbuchen« könne. Kurz: Studenten, selbst wenn sie nur während eines Ferienjobs die Aura der Chefetagen auf hohem Niveau über der City zu spüren bekamen, führen die Sprache von Menschen, deren Leben nicht durch einen Inhalt, sondern durch Organisation bestimmt wird. Was für den Unternehmer das boomende Geschäft, ist für den Alltagsmenschen das »Gefragtsein«, und beides erkennt man am vollen Terminkalender und am Eifer, mit dem der »Gefragte« das Handy zückt.

Stadtbesucher jeden Alters tun so, als organisierten sie Geschäfte. Wenn überhaupt in der City ein Schauspiel vorgeführt wird, dann ist es dieses. Die Manager-Schauspieler erwecken nicht selten den Eindruck, als hätten sie das Haus nur verlassen, um Kontakte zu pflegen, auch wenn es nur die zu Vater, Mutter, Freund und Freundin sind. Schneller als die Autos fliegen nun auf der Straße Worte, Berichte, Pläne durch den Raum. So ist denn auch im privaten Leben der Fernsehapparat längst nicht mehr der zentrale Kultort; indem man das Haus schon vor einiger Zeit mit Computer, Telefon, Anrufbeantworter, btx, Telefax ausgestattet und quasi zum Büro gewandelt hat, dient es nun als Schaltstelle, die man von außen anpeilt. Freunde oder Geschäftsfreunde gelten gleichviel, wenn sie nur an der Vernetzung teilhaben.

Und auch die Geschäftsabschlüsse begeht jedermann, wie es sich in der Chefetage gehört, mit einem kleinen Fest. So gut wie sich der Erfolg mit Immobilien, Auspuffanlagen, Wanderkleidung oder Spielautomaten bei einem Glas Sekt feiern lässt, so gut lässt sich auch der Einkauf eines Stückes Seife oder einer neuen Puppe durch ein kleines Fest akzentuieren: Man informiert per Handy sofort die Mitwelt und trifft sich am Buffet im Kaufhaus, um zufrieden auf die Eroberung zu trinken. Dieser

Transfer verschafft das Bewusstsein, das Leben gemanagt zu haben.

Das soziale Vorbild, das im Verhalten der Stadtbesucher zu beobachten ist, stellt sich aber architektonisch auf Straßenniveau selten zur Schau. Hier wird jede Erfahrung von Herrschaft, von vergangener wie gegenwärtiger, ausgelöscht. Auf Straßenniveau soll wenig Arbeit, wenig Ungleichheit zu sehen sein. Vom Gefühl der Überlegenheit über andere lebt nur der Traum. Der Kunde ist ein König, der im herrschaftsfreien und geschichtslosen Raum der Warenwelt lebt.

Reisen bildet – als es diesen altfränkischen Spruch noch gab, glaubte man auch zu wissen, was Bildung sei: eine Gedächtnisreise in die Vergangenheit und eine Erlebnisfahrt in fremde Länder, Städte und zu fremden Sitten. Die Städte vor allem waren Lehrbücher der Geschichte für den Gebildeten, aus denen er etwas über die kulturellen, aber ebenso auch über die politischen Verhältnisse der Vergangenheit erfuhr. Jede Reise in eine Stadt war eine Art Ausgrabungsexpedition, ein Unterricht, den man sich, unterstützt durch Bücher, selbst erteilte, indem man die Geschichte eines Landes zu lernen und zu verstehen suchte. Solchen Bildungsernst, der immer auch von einer politischen Neugier getragen war, enttäuscht die moderne City. Der Umbau der Innenstadt zur Verkaufsmeile hat es dahin gebracht, dass Tradition und Machtsymbole im Stadtbild fast gänzlich verschwunden sind. Nie wurde so viel gereist wie heute, nie aber hatte man es so schwer, Geschichte und Andersartigkeit einer Stadt zu erfahren. Ob es nach Brüssel geht oder nach Oldenburg – es ist wie verhext: der Neugierige kommt immer wieder zu Hause an, bei H & M, Diesel, Boss, Habitat, bei Starbucks und McDonald's. Die Klage über diese Monotonie ist jedem geläufig. Doch bezieht sie sich meist nur auf das Konsumangebot, von dem sich der Reisende in der Fremde mehr versprach als an seinem Heimatort. Die Klage müsste aber, ginge es dem Reisenden wirklich um Erweiterung seines Horizonts, ebenso dem Verlust der historischen Andersartigkeit gelten, denn das einstmals individuelle Gesicht einer Stadt ist durch den Umbau der Innenstädte in austauschbare Dienstleistungs- und Konsumzentralen zerstört worden.

An der Architektur, derentwegen der Reisende doch in die fremde Stadt gefahren ist, könnte er diesen Abbau von Geschichte leicht ablesen. In den historischen Innenstädten ist – in Deutschland auch in kleinen Städten, im Ausland erst in den Großstädten – das Parterre aller alten Häuser beseitigt und durch eine immergleiche Reihe von Schaufenstern und Glastüren ersetzt. Der Reisende kann und soll vergessen, wo eigentlich er sich befindet. Ob in Wien, Essen oder Esslingen, die Straßen bestehen aus einem schwellenfreien Band mit Öffnungen, durch die er leicht vom Fußgängerbereich in die versiegelten und polierten Böden der Geschäfte hinübergleitet. Was noch an Geschichte in einer Stadt erhalten ist – der Stuck der oberen Fassade, steinerne Allegorien, Fensterrahmen, Fachwerk, Giebeldächer –, das schwebt über der spiegelnden Glaskonstruktion der Schaufensterzone von immer gleicher Höhe und Breite. Die meisten Besucher kommen nicht dazu, den Blick zu diesen Resten der architektonischen Vergangenheit zu erheben, weil die Waren auf Augenhöhe die Aufmerksamkeit auf sich ziehen.

Die City ist ein einziges Schaufenster geworden. Auf diesem gläsernen Sockel ruhen, auch wenn es statisch noch so unwahrscheinlich aussieht, so gewaltige Säulen alter Kaufhäuser wie die etwa des Londoner Selfridges, die Reliefs und Friese würdevoller Fassaden römischer Paläste, die Balustraden der Luxushotels von einst und, in kleineren Städten, sogar das Fachwerk der Patrizierhäuser und Kornspeicher, die einmal der Innenstadt ihr unverwechselbares Gepräge gaben. Portale, Ädikulen, bossierte Sockel, geschnitzte Tür- und Fensterrahmen, kurz: Alle Schönheit auf Straßenniveau ist zugunsten der Einkaufszone zertrümmert. Diese zweite Zerstörung der Städte ist kaum weniger gravierend als die des Weltkriegs, zumindest ist sie universal. Sie betrifft nicht nur die deutschen Großstädte. Die Global-City färbt jede europäische Stadt und schneidert sie zur Provinz ohne Geschichte um. Der Reisende, der, am Ziel angekommen, als Fußgänger die Stadt kennenlernen will, bewegt sich in einer geschichtslosen Zone; jeder Neugier, jedem Bildungsdrang und Wissensdurst spotten die Auslagen mit den immergleichen Waren, die sich ihm statt des historischen Alters, der architektonischen Würde und politischen Geschichte in den Weg stellen.

Wer Geschichte dennoch erfahren will, muss sich sagen: Kopf hoch! Die alte Stadt gibt es ja noch; sie beginnt im ersten Stock. Hartnäckig muss, wer überhaupt noch etwas von ihr sehen will, nach oben schauen: Erst in der Beletage beginnt die Vergangenheit. London zum Beispiel erweist sich – ironischerweise – für solch ein Studium auf höherem Niveau als besonders geeignete Metropole. In dieser Stadt, wo die City nicht so eindeutig wie in deutschen Städten auf eine Stammstrecke der Untergrundbahn beschränkt ist, wurde die historische Sockelzone in einem Ausmaße, das kaum seinesgleichen hat, zerstört und durch Schaufensterglas ersetzt. Doch die Londoner Busse, diese atavistischen Fortbewegungsmittel, die im stockenden Verkehr nur ruckweise vorankommen, retten den Ausblick auf die Tradition. Diese Art von »traffic« selbst ist schon ein historisches Phänomen aus der Weltstadt des frühen zwanzigsten Jahrhunderts, aus jener Zeit, da das System der »Underground« noch nicht voll ausgebaut und die City als ausschließliches Einkaufszentrum nicht etabliert war. Omnibusse, hochrädriger als die auf dem Kontinent und meist sogar doppelstöckig, heben den Touristen wie den Einheimischen auf Augenhöhe mit der guten alten Zeit. Erst vom Sitzplatz in solcher Höhe aus ist ein ungehinderter Seitenblick auf die Vergangenheit möglich. Die Fortbewegung in der englischen Metropole, wo die Busse trotz einer Maut für private Fahrzeuge nur im Schritttempo vorankommen, erlaubt ein geruhsames Studium der historischen Architektur. Stadtrundfahrten, vom gebildeten Einzelreisenden gern verachtet, scheinen also, so möchte man aus der Londoner Erfahrung schließen, der beste Weg in die Vergangenheit zu sein. Der Sitz im Doppeldecker-Bus ist zum eigentlichen Studienplatz des reisenden Historikers geworden. Nur auf solch höherem Niveau ist historische und ästhetische Erfahrung noch zu haben. Wohin die eigenen Füße tragen, da wird man mit T-Shirts, Spaßelektronik und Fast Food abgespeist. Geschichte jedenfalls spielt keine Rolle in einer City, die doch einmal Geschichte hatte; nicht einmal mehr denkmalgeschützte Gebäude sind vor dem Abriss sicher. Wenn der Boden für ein Unternehmen der Zukunft freigemacht werden muss, wiegt die Vergangenheit wenig. Der Manager, heute Leitbild, ist eine historisch neue Figur, die auf Geschichte verzichten kann.

Das Gesamtkunstwerk City

DIE Immobilienspekulation ist, so war zu sehen, dem kulturellen Bestand einer Stadt nicht günstig. Dennoch sind Kunst und Kultur Stimulantien, auf die gerade die City nicht verzichten kann. Die Beliebtheit einer Stadt hängt nicht von ihrem Konsumangebot ab, sondern von ihren kulturellen Einrichtungen. Ein Unternehmen, so wenig ihm auch an Kultur gelegen sein mag, schätzt ihre Angebote als Standortfaktor und rechnet sich die Anerkennung, die die Stadt durch ihre Ausstrahlung genießt, als eigene Leistung an. Die Kultur macht die gute Adresse des Standorts, und die ist umso besser, je mehr die Stadt von sich reden macht. Deshalb muss selbst bei den Kunden, die alltäglich die Straßen füllen, ihr Image hoch gehalten werden. Dabei steht freilich die Kultur nicht mehr nur für eine bildungsbürgerliche Oberschicht zur Verfügung. Jeder, der das Leben der City in Gang hält – und dazu braucht es viele –, soll in den Genuss der Unterhaltung kommen, die Kunst, Theater, Oper, Konzert zu bieten haben. Eine Unterscheidung von gehobenem Bildungserlebnis und billigem Vergnügen zu machen, wäre ein Fauxpas des demokratischen Bewusstseins. Museen organisieren ihre Kunstwerke und Ausstellungen längst nicht mehr für den Kenner und Liebhaber, sondern für die Menge, die ihnen aus der City zuströmt. Die Orte, die für die Fama der Stadt sorgen, liegen meist nicht in der City selbst, sondern an ihrem Rand und werfen von dort her ein gutes Licht auf sie. Aber auch in der City muss die Kundschaft durch kulturelle Sensationen unterhalten und über die allenfalls sich einstellende Langeweile hinweggetröstet werden; mit dem Konsum von Waren alleine wären auch die Kunden nicht zufrieden.

So gibt es in der City auf der einen Seite die Nutzung alter historischer Einrichtungen wie Museen und Theater, auf der anderen Seite wird die City selbst in ein Kunstwerk verwandelt. Ein »Event« ist nichts anderes als ein ästhetisches Vergnügen für die Menge, wobei der Begriff alle spielerischen Unterhaltungen unter sich vereint, ob sie nun im Bereich der Kunst oder des Sports liegen. Die Menge ist das Publikum, für das ein Dauerprogramm aus Events erfunden werden muss. Eine Art Tafelmusik begleitet unentwegt die Aufenthalte in der City und macht diese zum Festspielhaus.

Die Losung der City also heißt »Kultur«. Darunter versammelt der Kopf alles, was nicht unmittelbar dem Kommerz dient. Kulturelle Events machen eine Stadt, in der das Warenangebot sich immer weniger von dem der nächsten und übernächsten unterscheidet, unverwechselbar und steigern ihre Integrationskraft. Kulturelle Einrichtungen sind verpflichtet, sich als Highlights auszugeben, um dem Alltagsgesicht der City einen individuellen Ausdruck zu verschaffen. Der Oberbegriff »Kultur« umfasst, wie ein Familienname, viele Individuen und Ereignisse, die sich durch bekannte Eigennamen auszeichnen: Ausstellungen, die »Botticelli« heißen, »Cäsar«, »Monet«, »van Gogh« oder »Kosmos Runge«; Festspiele mit famosen Dirigenten, Sängern und Sängerinnen, Weltmeisterschaften im Sport, Popkonzerte mit internationalen Stars. Sie verschaffen der Stadt Bedeutung.

Ein Teil dieser Veranstaltungen findet, wie gesagt, im Vorhof der City statt, und dennoch wirken die Events mitten in sie hinein. Die Lage der Veranstaltungsorte an sich spielt keine Rolle, wichtig ist die Art der Präsentation und die Wirkung auf den städtischen Alltag. Ein Theater, selbst wenn es, wie die Münchner Oper, mitten in der Stadt liegt, wäre für das Leben in der City kein Gewinn. Erst wenn die Inszenierung auf Großleinwand übertragen und auf dem Platz vor der Oper zu sehen ist, verleiht sie der City Stil und hat selbst City-Stil – erst dann ist sie ein Event. Die Opernaufführung, über Großleinwand in den freien Raum hinausverlegt, integriert akustisch weite Bereiche der Innenstadt. Der Bürger, der an der Übertragung auf dem Platz vor dem Opernhaus teilnimmt, hat dem Theaterbesucher gegenüber mehrere Vorteile: Er muss nichts zahlen, er hat eine gute Sicht und muss dennoch nicht hinsehen; er kann sich, ohne je zu stören, mit seinen Nachbarn unterhalten; er kann dabei, was im Theater nur nacheinander möglich ist, gleichzeitig essen, trinken *und* schauen; und er kann gehen, wann er will – das ästhetische Angebot jedenfalls lässt keinen der Sinne unberücksichtigt.

Das Gesamtkunstwerk, eine Idee des 19. Jahrhunderts, ist erst in der City, wo alle Wahrnehmungsorgane des Betrachters beschäftigt sind, zu sich gekommen. Die traditionelle philosophische Ästhetik legte eine Rangordnung der Sinne fest. Nur Auge und Ohr seien zu den höheren ästhetischen Wahrnehmungen befähigt, weshalb nur Malerei, Bildhauerei und Musik im strengen Sinne der Kunst zuzuzählen seien. In der Innenstadt aber werden gerade die philosophisch als niedrig eingestuften Sinnesorgane aufgewertet, Geruch, Geschmack, Tastsinn, und zwar nicht nur bei Opernübertragungen, sondern ganz alltäglich bei jedem Aufenthalt auf der Straße – beim Essen, beim Gang durch die Kaufhäuser, beim Berühren der Waren. Die hohen Sinnesorgane, Auge und Ohr, bleiben dennoch nicht vergessen. Der Straßenmusikant vervollständigt das Gesamtkunstwerk, und der versilberte oder vergoldete Säulenheilige mit dem Bettelkörbchen zu seinen Füßen macht, anders als das Respekt gebietende Denkmal des Fürsten, Heiligen oder Feldherrn von einst, den Anblick der Statue zum kuriosen Schauspiel.

Ohne die modernen Medien wäre der ästhetische Gesamtgenuss City nicht denkbar. Lautsprecher, Rundfunk, Video, Fernsehen übertragen Kunst dahin, wo Kunst eigentlich nicht möglich ist: Opern ins Wohnzimmer, Tanztheater und Filmfestivals ins Café, das Popkonzert in die Anprobe-Kabinen von H & M. Erlebnisse, die bis dahin nur zeitlich und räumlich getrennt zu erleben waren, können nun auf den Straßen gleichzeitig als umfassender Sinnenreiz erfahren werden. Bei großen Events, besonders bei Fußballmeisterschaften, verwandelt sich die gesamte City in einen Fernsehapparat, vor welchem Essen, Schauen, Schwatzen ineinander übergehen.

Die traditionellen Institutionen der Kunst versuchen inzwischen, diesen von der City inszenierten ästhetischen Körper aus fünf Sinnen auch in ihren eigenen Mauern zufriedenzustellen. Im Kino, der jüngsten Kultureinrichtung, war es zuerst möglich und ist es inzwischen Stil, die Atmosphäre mit dem Dampf von Speisen zu schwängern und die Akustik des Films durch das Geräusch der kauenden Zähne zu beleben. Für die Jugend heißt das: Wir sind großstädtisch, »glotzen nicht romantisch«, genießen cool. Vorsichtig leiten inzwischen auch Museen und Theater das ältere Publikum zum Gesamtgenuss der höheren wie der niederen Sinne an. Bis in die sechziger Jahre des 20. Jahrhunderts gab es in Museen nichts als Kunstwerke zu sehen, im Theater vielleicht zur Pause ein Glas Sekt – Sehen und Hören waren ausreichende Bildungserlebnisse. Heute erwarten das Publikum Cafeterias, Museumsshops, Premierenfeiern mit fliegendem Buffet, dessen Vorahnung die Nase schon in der Pause stimuliert. Aber nicht einmal bei den Cafeterias lassen es die Museen bewenden. Mit der Eintrittskarte kauft der Besucher nicht selten auch ein Mittagskonzert, eine Ausstellung holländischer Stillleben lädt zu Tafelfreuden aus dem 17. Jahrhundert ein, und es wäre konsequent, wenn man auch einmal bei entsprechendem Ausstellungsthema aufs Rad geflochten würde.

Dabei sind die Museen dem Theater gegenüber im Vorteil: Schlangestehen bringt die Stadt mehr ins Gerede als ein Theaterabend. Der Andrang vor einer spektakulären Ausstellung ist auch für völlig desinteressierte Stadtbesucher auffällig, anlockend und regeneriert sich von selbst. Der Theaterbesucher hingegen verschwindet für Stunden aus dem Blick der Mitbürger. Menschenansammlungen aber gehören zur City, und also weckt das Gedränge vor dem Museum Interesse und Zutrauen. Die Ausstellung kann so als einmaliges Sonderangebot für Kunden verstanden werden, die sich sonst selten sehen lassen. In der Dauerausstellung im selben Museum sind zur gleichen Zeit, auch wenn hier die bedeutenderen Bilder hängen, wenige Besucher zu finden. Die Werbung für und durch die Ausstellung gilt mehr der Stadt als der Kunst.

Befriedigung aller Sinne gehörte allerdings seit je zum Wesen der Stadt, und wenn früher daraus noch nicht das Gesamtkunstwerk City entstanden war, das nun gelungen ist, so lag das an technischen Unzulänglichkeiten. Der Geruchssinn etwa musste in früheren Jahrhunderten notwendig abgewertet werden, denn er war gerade in den Städten auf unangenehmste Art beschäftigt mit den verrottenden Abfällen der zusammengedrängt lebenden Einwohnerschaft. Heute sorgen Kanalisation und Stadtreinigung dafür, dass die Luft rein ist – ein Schlager wie »Das ist die Berliner Luft« ist erst nach Ausbau der Kanalisation möglich – und dass die Lust am Leben nicht vergällt wird, weshalb vor allem Gerüche von lebenspendenden Speisen ihr bevorzugtes Parfum sind. In der Öffentlichkeit zu essen, galt früher als unschicklich, weil es, außerhalb der geordneten Mahlzeiten, die niederen Bedürfnisse gezeigt hätte – vielleicht auch, weil es zu viele gab, die nichts zu beißen hatten. Die neue Gleichberechtigung der Sinne ist auch Ausdruck einer demokratischen Gerechtigkeit, die Nörgelei gegen ihre ungenierte Befriedigung in aller Öffentlichkeit ein Rest intellektuellen Hochmuts. Dem Wesen der neuen City entspricht sie. Wer diese nicht als Gesamtkunstwerk wahrnimmt, verstünde sie nur als Arbeitsplatz, und das hieße, dass er sie gar nicht wahrnimmt. Stadtbesuch ist keine Berufstätigkeit, Stadtbesuch ist Festbesuch.

Die politische und sinnliche Präsenz des Stadtbürgers ist grundsätzlich eine andere als die des Staatsbürgers. Dem Staat gegenüber fühlt sich der Bürger ideell verpflichtet, seine Zugehörigkeit zu einer Stadt hingegen realisiert sich körperlich im Raum und also ästhetisch. Städtischer Raum ist und war schon immer politische Bühne aus architekto-

nischen, also ästhetischen Elementen, die der Stadtbewohner besehen und begehen wollte. In der Stadt
werden politische und ideelle Werte sinnlich erfahren
in einer räumlichen Kulisse. Die ästhetische Selbstdarstellung der Macht reichte vom Kapitol bis zu
den Patrizierhäusern am Markt. Immer aber war
diese Repräsentation von Macht statuarisch gegenwärtig, als Bauwerk, Denkmal, als repräsentativer
Auftritt der Machthaber im Ornat beim Fest oder in
der rituellen Ansprache. Heute findet ein Wechsel
vom Monument zum Event statt. Stadtverwaltungen
treten nicht mehr als Machthaber auf, und am wenigsten möchten sie als Ordnungshüter verstanden
werden. Lieber spielen sie den Moderator bei den
Unterhaltungsangeboten für ihre Bürger. Städtische Neubauten dürfen daher nicht einschüchternd
und schon gar nicht prunkvoll, extravagant und
teuer sein, sie müssen möglichst bescheiden aussehen
und die kluge Ökonomie einer Stadtverwaltung
demonstrieren, die vorsichtig mit dem Geld der
Steuerzahler umgeht. Selten erhält ein bedeutender
Architekt den Auftrag für ein Verwaltungsgebäude,
ein Polizei- oder Finanzamt. Die fade Kulisse, die
so entsteht, muss erst durch Events belebt werden,
damit sie übersehen wird. Museen und Konzert-
häuser hingegen zählen zu den Werbeträgern der
Stadt, in deren Bau viel Geld, Kunst und Einfalls-
reichtum investiert wird. Sie stehen als prunkvolle
Solitäre am Rand einer Öffentlichkeit, die sich mit
phantasielosen Verwaltungsvierecken begnügt.

Die kulinarische Demokratie

JÄGER und Sammler essen im Gehen, Cowboys in der Hocke, Bauern im Sitzen, reiche Römer aßen oder tranken im Liegen, heutige Italiener essen manchmal und trinken oft im Stehen – ob Picknick, Grillfest, Stehcafé, Bankett oder Gelage, die Art, wie Nahrung eingenommen wird, entspricht den praktischen Aufgaben, die verschiedene kulturelle Lösungen zulassen. Der Magen, dieser Tank genau in der Leibesmitte aller Säugetiere, muss unentwegt gefüllt werden. Der Mensch unterscheidet sich bei dieser Zulieferung vom Tier nur dadurch, dass der Nachschub mit einem Aufschub verbunden ist. Ein Tier frisst, wenn es Hunger hat, es arbeitet nur, fliegt, pickt, kämpft, jagt, beißt, wenn es ein Bedürfnis dazu treibt; auf seine »Arbeit« folgt unmittelbar die Gratifikation, und man kann annehmen, dass »Arbeit« und »Lebenslust« bei ihm identisch sind. Der Mensch hingegen arbeitet, ohne ans Essen denken zu dürfen, und wenn er isst, arbeitet er nicht – abgesehen vom neuesten Stil der Manager im Speisewagen der Bundesbahn, die den Computer vor sich, das Mittagessen neben sich und einen Telefonknopf an sich haben. Dieser Aufschub zwischen Nahrungsbeschaffung und Nahrungsaufnahme verlangt einen Verzicht und gewährt erst spät eine Belohnung. Essen ist deshalb stets die (kleine) Feier, die den Aufschub beendet und in einem Ritual ihren Ausdruck findet: im Tafelschmuck, so man ein Fürst, im Gebet, wenn man ein Mönch, im Tischgespräch, wenn man ein Bürger, in der Zigarette danach, wenn man Proletarier oder Intellektueller ist.

Aufschub ist der Ursprung aller Kultur, doch, da mit Verzicht verbunden, auch Ursache allen Missbehagens. Deshalb entspricht dieser physische Zustand dem politischen Status, den die westliche Zivilisation verlangt und erreicht hat, der Demokratie, nicht mehr. »Pursuit of Happiness« verbürgt die amerikanische Verfassung als Grundrecht; Entsagung ist undemokratisch. Wer für das Wohl aller arbeitet, hat das Recht, von allen belohnt zu werden und, hungrig von Natur, so prompt wie möglich etwas zum Essen zu erhalten. Deshalb essen fleißige Leute, wo sie gehen und stehen – und gedeihen in jeder Hinsicht. In keiner Epoche der Weltgeschichte wurde so viel vom Essen geredet wie in den Industrienationen, von Restaurants, vom Kochen und von Köchen, vom gesunden Essen, von krank machenden Produkten; noch nie wurde mit so viel Überzeugung und mit so wenig Erfolg über Schlanksein, -bleiben und -werden diskutiert wie heute. Essen ist die dominante Geistesbeschäftigung dieser Gesellschaft, weil es auf die schlichteste Weise einen Zweck sowohl der Ökonomie wie der Demokratie erfüllt. Und der zentrale Tummelplatz

114

der kulinarischen Demokratie ist die City. Die Nahrungseinnahme in der Innenstadt ist demonstrativ. Kein Schritt, bei dem man nicht einen essenden Menschen sieht oder riecht.

Diese Nahrungskommunion stellt sich als die endgültige Harmonie einer demokratischen Gesellschaft dar und gehorcht doch nur einem ökonomischen Kalkül. Nicht allein, dass die Städte an den vermieteten Flächen verdienen. Zur Entwürdigung der Stadt leisten sie auf diese Weise ihren Beitrag. Das Essen verbürgt aber auch die Zukunft der City: Wenn der Internethandel zunehmen sollte, wenn selbst Kaufhäuser, die ihre Waren in der City noch ausstellen, sie über Internet verkaufen, der Kunde also nicht mehr notwendig in die Stadt kommen muss, dann bleibt allein das fröhliche Essen, das Besucher anlocken und vereinigen wird. Über die Funktion der Innenstadt als Kantine der Büros hinaus beteiligen sich die Kommunen deshalb auch am Erhalt des Straßenlebens durch kollektive Feste: durch einen Hamburger Fischmarkt in Stuttgart, ein Stuttgarter Weindorf in Hamburg, Weihnachtsmärkte, auf denen vor allem gegessen und getrunken wird. Die Gelage sichern die Zukunft der Stadt, auch wenn sie auf nichts bauen als auf den Hunger in einer Gesellschaft, die immer satt ist.

Da dieser Hunger auf teurem Boden gestillt werden muss, ist allerdings der Raum, der dem Einzelnen dazu bleibt, klein. Man sieht es schon daran, wie sich die Tische verändert haben; keiner muss sich mehr wünschen: »Tischlein deck' dich« – in der City findet jeder nur allzu leicht irgendeines für sich. Schön gedeckte Tafeln allerdings wären zum Zweck des schnellen Essens viel zu aufwendig. Tischlein aber, solche, die ganz schnell und leicht zu decken sind, gibt es in der City noch und noch, der kleinste genügt: der Handteller für den kurzen Weg von der Hand in den Mund. Die Bewegung über weite Räume hin und die Enge am Platz, wo man sich gerade aufhält, ist, im Himmel wie auf Erden, im Flugzeug wie in der City, das Kennzeichen des Lebens in der Menge, dem sich der Stil des Essens angepasst hat. Symptomatisch ist das Verschwinden des großen Restaurant- und Wirtshaustischs in deutschen Städten. Bis in die fünfziger Jahre lagen die besten Lokale im Zentrum der Stadt. Heute sind die Gourmetrestaurants in Kleinstädte und auf Dörfer gezogen, weil nur da die Boden- und Mietpreise so niedrig sind, dass Platz ist, die Tische so aufzustellen, dass sie einen würdigen Abstand voneinander haben und ein gewisser Eindruck an Feudalität entsteht.

Die Fläche, auf der man den Kaffee serviert bekommt, wurde im Laufe der Jahre immer kleiner: Erst schrumpfte sie auf Pariser Maß, das Tisch und Stuhl auf knappstem Raum unterbringt; dann zog sich der Ort des Genusses zum Stehtisch zusammen; schließlich war der Gast bereit, sich vor die Verkaufstheke zu stellen – was in ihm gewisse Ferienerinnerungen an die italienische Bar wachrufen konnte – oder sich gar an ein Brett an der Wand zu lehnen, zu dem er nicht mehr tragen kann, als was auf ein schmales Tablett passt. Aber auch wer ein ganzes Menü haben will, muss sich bescheiden. Nicht nur die Verwandlung der Restaurants in Bistros folgt dem Trend zum kleinen Tisch. Büros und Unternehmen, die auf eine Kantine verzichten, wo bislang die Belegschaft ihre Mittagspause gemeinsam und schwatzend an großen Tischen zubrachte, verweisen an den Stehtisch unten auf der Straße. Nun ernährt sich die Betriebsfamilie durch »Fingerfood«, das sie sich von dorther holt und im Gehen oder am Arbeitsplatz isst, sodass ein Tisch überflüssig wird. Es ist geradezu chic, von der Hand in den Mund zu leben.

Mag der kleine Tisch oder das Essen im Stehen eine ökonomische Sparmaßnahme des Wirts sein, die Raum für möglichst viele Kunden schafft, dem Gast kommt er gelegen als Zeichen seiner Weltläufigkeit. Wer sich hier aufhält, zeigt, dass er nicht viel Zeit hat, dass er »gefragt« ist und von Geschäft zu Geschäft eilt. »Eat and get out« ist schon seit längerem die Devise der Restaurants in den USA. Der Kunde ist über den Rausschmiss nicht ungehalten: Fast Food ist ihm *fast life.* Den kleinsten Tisch macht er zur Bühne, auf der er den Passanten seine Betriebsamkeit vorspielt. Der heutige Imbissjäger ist das gerade Gegenteil vom Stammtischbruder, der sich stundenlang und folgenlos an einem mächtigen

Eichentisch mit ein paar ähnlichen Besserwissern über Gott und die Welt ausließ.

Die Yuppies, die Tempo und Enge euphorisch genießen, befällt allerdings doch gelegentlich die Sehnsucht nach der deutschen Gemütlichkeit. Im Biergarten, in dem der Hektiker an einem heißen Sommerabend verschnauft, sitzt er in volkstümlicher Verbundenheit und als Menschenfreund unter vielen anderen Teilzeitromantikern und Kurzzeitfreunden an einem regelrechten Monster von Tisch. Die Größe dieses Tisches und der Himmel darüber demonstrieren den Luxus dessen, der sonst in aller Eile zu jedem Tisch, der seinem gehetzten Leben nur im Wege steht, sagen muss: »Tischlein versteck dich«.

Aber auch in Restaurants lassen die Gäste es sich nicht nehmen, auf ihre Geschäftigkeit hinzuweisen und zu zeigen, dass Tempo ihr Lebensstil ist. Garderoben brauchen deshalb die Lokale nicht mehr. Mantel und Anorak gibt der Schnellesser nicht aus der Hand. Nicht die Angst, dass sein Kleidungsstück gestohlen werden könnte, hält ihn davon ab, es an eine Garderobe zu hängen. Mit Mantel oder Anorak über der Stuhllehne beweist er vielmehr, dass er selbst im Sitzen nicht anders isst als im Stehen und Gehen. Ein dürftiger Haken oder Kleiderständer reicht für die paar Zurückgebliebenen aus, die ihre Überzieher noch aufhängen wollen. Wer auf sich hält, isst, als sei er auf dem Sprung und wirft die Oberbekleidung über den Stuhl. Nicht nur in Cafés, wo es in der Tat bei einer Tasse bleiben könnte, zeigen der Geschäftsmann und seine Nachahmer, Schüler wie Senioren, Mütter mit Babys wie Gören, dass sie sich kaum eine Sekunde Ruhe gönnen. Auch am Abend, wenn ein ganzes Essen mit Freunden eingenommen oder ein Wein getrunken werden soll, verstopfen Haufen von Mänteln und Anoraks auf der Stuhllehne die Sicht im Restaurant; jede Gruppe polstert sich mit ihren Mänteln gegen die Umwelt. Der Aufenthalt im Restaurant wird dadurch nicht gemütlicher, nur stilloser. Mit den Stoffhaufen sehen die Restaurants aus wie unaufgeräumte Schlafzimmer oder wie Berg- und Wanderhütten.

Die prägende Kraft des neuen Lebensstils der City hat sich ausgebreitet und ist selbst in Opernhäusern und Konzertsälen Sitte geworden. Musikgenuss findet unter der warmen Decke eines Mantels statt, nicht etwa, weil die Münzen für die Garderobe gespart werden sollen. Vielmehr ist der größte Teil der Theaterbesucher nicht mehr aus der Stadt, sondern kommt aus dem Umland mit Auto oder Bahn angereist. Und auch diese Leute haben es eilig. Nach den Aufführungen jagt sie der Fahrplan oder die Angst vor dem Stau an der Tiefgaragenausfahrt aus dem Konzertsaal. Da der Heimweg weit ist, verbietet sich ein längerer Aufenthalt bei einem anschließenden geselligen Essen ohnehin.

In der kalten Jahreszeit sitzt man im Mantel auf der Straße, Temperaturen spielen keine Rolle. Die Nase in der winterlichen Luft, die Fäuste in der warmen Manteltasche – so fällt es heute dem Bürger nicht schwer, auf dem festgetretenen Schnee noch an der seligmachenden Überzeugung festzuhalten, dass seine Stadt die nördlichste Stadt Italiens sei. Dort nimmt der Tourist den Espresso auf der Straße; also tut man das auch in der verschneiten City – und nicht nur, wenn das Bedürfnis zu rauchen zum Aufenthalt draußen zwingt. Auf Straßen und Plätzen gibt es dann im wörtlichen Sinne Eis-Cafés, die ihre Stühle auch bei Temperaturen um den Gefrierpunkt draußen haben. Auf den Stühlen liegen für ganz Verfrorene Decken aus Wollkunstfaser oder echtem Loden. Mit diesem Stoff hat die städtische Garderobe ein Teil aus der Kleidung der Hirten und Jäger beibehalten, mit dem sie Wind und Wetter trotzt. Zur Ehre des wetterfesten City-Burschen gehört es aber, dass er seine Decke nicht benutzt. Fremde erkennt man sogleich daran, dass sie der Versuchung, sich warm einzupacken, nicht widerstehen und vor allem daran, dass sie die Hände an der Tasse wärmen; ein echter Citizen macht das nicht! Er beweist, dass er nicht bis in die Alpen zu fahren braucht, um die Mittagssonne im Schnee zu genießen. In jeder City hat man im Winter die Zugspitze auf der Hauptstraße.

Damit nimmt sich die City wie ein winterlicher Luftkurort aus. Bei kalten Temperaturen erscheint der draußen Sitzende nicht wie ein eiliger Bürger, sondern wie ein gestählter Reisender. Im Sommer allerdings stehen ohnehin längst die Straßen voller

Stühle und Tische, so als könnten die Menschen einen Innenraum gar nicht mehr betreten – eben, weil sie keine Zeit haben, sich im Innern zurecht- zufinden. Vor der Tür ist der Lieblingsplatz des Eili- gen, der immer schon auf und davon möchte.

Und dennoch, nach Sonne und Licht scheinen die Lufthungrigen am wenigsten ein Verlangen zu haben. Im Gegenteil: Sie haben davor im wört- lichen Sinne eine Himmelangst. Wie sonst könnten die Lichtbedürftigen es hinnehmen, dass die Wirte vor dem Blau des Himmels eine geschlossene Wol- kendecke aufziehen? Wer sähe denn, wenn er auf der Straße speist, unter den flächendeckenden Son- nenschirmen noch ein Fetzchen Blau? Glaubwürdig bekräftigen die Wirte, dass die Klientel zahlreicher erscheint, wenn der Himmel durch Schirme ver- stellt ist. Wer hierzulande draußen sitzt, will offen- sichtlich doch lieber drinnen sitzen.

Ganz anders ist das Verhältnis der Gäste zur Straße als in Paris. Der Flaneur, stilbestimmend dort noch immer, will sehen und gesehen werden. Es ist ihm nicht gleichgültig, wo und wie er drau- ßen sitzt. Vor allem braucht er einen ansehnlichen Sessel. Geflochtene Korbstühle und -sessel machen jedes schäbige Café in Paris noch heute zur Ter- rasse eines Grandhotels. Der Beobachter auf dem Boulevard will seinen Stuhl so gerückt haben, dass er sehen kann, und es tut ihm nicht weh, wenn ein Passant seinem Blick begegnet. Der optische Dialog findet mit jedermann statt.

In deutschen Großstädten hingegen sind die Tische so gestellt, dass die Partner an langen Tischen aufgereiht einander frontal gegenüber sitzen; sie sehen nur sich. Auch wo einmal die Reglementierung durch solch eine monotone Anordnung der Tische vergessen wurde, beobachten die Gäste das Straßentreiben nicht, sondern versinken, allein oder zu zweien, in sich. Die Straße wird nicht, wie die Stadtväter meinen, akzeptiert, sie wird negiert, wird nicht gesehen, sondern übersehen. In der Öffentlichkeit sitzend, pflegen die Menschen ihre Innerlichkeit, die Straße wird zum Treffpunkt für Zweierbeziehungen, Freundesgruppen oder zum Ort einer technischen Kommunikation mit Familie und Freunden via Handy. Was draußen vor den Lokalen in der dumpfen Atmosphäre unter den Schirmen eingerichtet wurde, ist kaum etwas anderes als eine besser gelüftete Wirtshausstube. Die Ausflügler suchen Tuchfühlung, nicht Blickkontakt. Nicht nur im Biergarten, auch an solch aufgeregten Orten wie der Innenstadt und in den Szenevierteln verdunstet der städtische Stil in Herzenswärme und Körpernähe.

Obgleich die Gäste die Abfertigung in Reih und Glied akzeptieren und schnell mit dem Essen fertig sind, werden sie immer dicker. Es liegt etwas in der Luft, was eine Ahnung von der Ausdehnung der Körper gibt, ohne dass es nötig wäre, Statistiken zu lesen. Deutschland duftet anders als vor dreißig Jahren. Damals war, ein Resultat im Prozess der Zivilisation, die Nase, dieses nach der traditionellen

Sinnenlehre niederste Organ der Wahrnehmung, im Zentrum einer Stadt selten Geruchsattacken ausgesetzt. Die moderne Stadthygiene begann mit einer Entlüftung der Städte und der Anlage einer Kanalisation. Nicht nur die Abfälle auf den Straßen belasteten die Atmung, neue, in Stadtnähe gelegene Industrieanlagen lieferten noch schlimmere Gerüche. Auch die im 19. Jahrhundert florierende Industrie kosmetischer Düfte, feiner Seifen, Badezusätze, Parfüms war nicht nur als Lockmittel für die verführerische und verführbare Frau gedacht, sondern als Mittel der Luftverbesserung. Undenkbar wäre es damals gewesen, dass die Nase, dieses Sinnesorgan, das den Verfall von Leben registriert, je noch, nachdem endlich der Gestank verbannt war, von einer Wolke von Gerüchen gequält werden könnte, die nicht künstlich sind, sondern wieder auf den Körper zurückverweisen – auf die öffentliche Nahrungsaufnahme.

Über vielen Orten der Innenstadt hängt eine Dampfglocke aus Fettgeruch, billigen Saucen, Ketchup, Senf, heißen Würstchen, Döner, Woksüße, Popcorn und Milchkaffee. Wer nicht mitgenießt, den treiben abgestandene Essensgerüche auf und davon. Er schließt seine Fenster gegen den Dunstabzug des Nachbarn und flieht aus seinem Garten wegen einer Grillparty. Er eilt in die City und gerät mitten ins Stadtfest oder auf den alljährlichen Fischmarkt. Ins Kino geflüchtet, schlägt ihm der Geruch von Popcorn entgegen; hofft er statt

123

dessen, in der Bibliothek bei geruchlosen Büchern Erlösung zu finden, so durchziehen auch dort die Düfte der Cafeteria das Treppenhaus, und selbst Universitäten und Seminarräume dampfen von Getränken, die aus Automaten in der Eingangshalle zu holen sind. (Die neueste Aufmunterung der akademischen Pädagogik sieht Lunch-Lectures vor, bei denen die Hörer Fresspakete mitbringen und duftende Speisen auspacken können.) Wenn man in der City in die oberen Etagen gelangt, aus der Horizontalen der Straße in die Vertikale der Büros, so bleibt man auch dort nicht verschont, denn das warme Mittagessen, das der überbeschäftigte Manager am Computer vor oder unter der Nase seiner Kollegen verzehrt, schwängert auch hier die Luft. Früher fand Essen zu festgesetzten Zeiten und in dazu vorgesehenen Räumen statt. Heute ist offene Küche überall und jederzeit. Die ganze Bundesrepublik ist eine Bühne der Köche, die ein gefräßiges Foyer beklatscht. Am schwierigsten ist es, den Essensgerüchen in den geschlossenen Wagons der S- und U-Bahnen auszuweichen: Kaffee, Leberkäs-Semmel, Pommes frites, Döner dürfen alle Fahrgäste mitgenießen.

Das Leitbild der Vielbeschäftigten ist der Sport, und so benehmen sich auf den Straßen alle wie Leistungssportler, die unentwegt Flüssigkeit zu sich nehmen müssen. Allerorten begegnet man heute einer epidemischen Trinksucht. Kaum hat sich ein

Jüngling im Abteil der S-Bahn niedergelassen, so packt er eine Literflasche voll Mineralwasser aus. Die Jugend trinkt, wo sie geht und steht. Im Hörsaal stellt sie den Pappbecher vor sich aufs Pult, im Kino befestigt sie die Flasche in der dafür vorgesehenen Halterung. Zusammen mit neuen Sitten entwickelt sich immer sogleich ein neuer, ihnen entsprechender Formenschatz; deshalb wird nicht irgendwo irgendetwas getrunken, sondern immer etwas bestimmtes an einem bestimmten Ort: Mineralwasser im Zug, Kaffee oder Milch (Alma Mater) in der Universität, Coca-Cola im Kino, Saft auf der Wiese und in der City, wo es international zugeht und Draußensein an Italien erinnert, mit Vorliebe Cappuccino oder Latte macchiato.

Die City jedoch hat vor allem an Wochenenden und beim Public Viewing unter dieser Trinksucht zu leiden. Der Morgen nach dem Fest zeigt die Straßen, die inzwischen in vielen Städten mit teuren Steinplatten belegt sind, verschmutzt durch schwer zu reinigende Flecken: Bier und Cola über dem Belag auszugießen, gehört zur erlaubten Respektlosigkeit, die gegen die öffentliche Ordnung in den Augenblicken dieser Gegenfeste protestiert. Auch für die Verschmutzung des Plattenbelags gibt es in der City einen Terminplan: Kaugummi auszuspucken ist die verächtliche Geste an Wochentagen und ein explosiver Ausdruck der Verzweiflung derer, die arbeiten müssen, Getränke zu verschütten die Festtagsrevolte an Wochenenden.

Sind es nun wirklich die Ärzte, die den dynamischen jungen Leuten klar gemacht haben, dass der Mensch schon bei einem minimalen Verlust an Flüssigkeit einen großen Prozentsatz seiner Energie einbüßt? Oder liegt diese harmlose Spielart der Trink- oder Trunksucht an der zunehmenden Infantilisierung der Jugendlichen, die versuchen, sich dadurch die Erinnerung an die mütterliche Liebe zu bewahren?

Wer den eigentlichen Grund für die unschuldige Trunksucht finden will, muss eine Reise in die Vereinigten Staaten unternehmen, in jenes Land, das alte Sitten aus Europa mitgenommen hat, um sie nun erneuert wieder an den Kontinent zurückzugeben. Mit Getränken zeigt sich, häufiger noch als bei uns, dort auf den Straßen der City Jung und Alt. Die Amerikaner aber gehen anders mit ihrer Erwerbung um. Während bei uns jeder isst und trinkt, wo ihn gerade die Lust anwandelt, an jeder Straßenecke, im Gehen, im Sitzen, sich unterhaltend, Schaufenster betrachtend, wäre es in den USA unschicklich, auf der Straße etwas zu sich zu nehmen. Gleichzeitig scheint aber jedermann den merkwürdigen Ehrgeiz zu haben, etwas Ess- oder Trinkbares gut sichtbar mit sich herumzutragen: Wie die Pazifisten bei Friedensdemonstrationen ihre Kerzen, so trägt der Alltagsmensch seinen Pappbecher, der bis zu einem halben Liter Getränk enthalten kann, mit abgewinkeltem Ellbogen deutlich sichtbar vor sich her.

Und eine Demonstration in der Tat ist in Amerika die mittägliche Wallfahrt von der Cafeteria zum Büro, vom Imbiss zur Wohnung. Es ist Bekennertum, was die Amerikaner veranlasst, sich mit einem flüssigen Konsumgut wie mit einem Glaubenssymbol zu bewaffnen. Um Genuss geht es dabei weniger. Schließlich wäre es viel einfacher, die Büros, wie auch hierzulande, mit einer Kaffeemaschine auszustatten. Flüssigkeitskonsum im Verborgenen aber ist in Amerika seit dem 19. Jahrhundert verdächtig. Auf der Straße bewegt sich deshalb eine Prozession aus lauter Guttemplern, die zeigen wollen, dass sie nichts trinken, was Sünde wäre. Wer nicht als Alkoholiker verschrien sein will, muss sich mehrmals täglich öffentlich als Abstinenzler zeigen, der ohne Wanken und ohne einen Tropfen zu verschütten, seinen vollen, alkoholfreien Pott durchs Gedränge manövriert.

Ganz ohne Glaubensbekenntnis kommt der ostentative Anti-Alkoholismus der Jugend auf der Straße auch bei uns nicht aus. Statt Vergangenheit verklärt hier die Zukunft die Abstinenz: Wer Wasser trinkt, fährt ein abgasfreies Auto, wer Milch trinkt, isst kein Fleisch, wer Saft trinkt, tritt für den Schutz der tropischen Regenwälder ein, kurz: Er macht sich Sorgen um die Zukunft des Kosmos. – Ob persönliche oder ökologische Moral, ob in den USA oder hierzulande, immer tragen Dauertrinker mit dem Becher einen Heilsplan vor dem bekennenden Herzen.

Bekenner oder Menschen ohne solch moralisches Bewusstsein, reich oder weniger reich, jung oder weniger jung – alle essen, haben es eilig mit dem Essen und hören nie damit auf. Wer also wollte noch auf den Straßen soziale Schichten voneinander unterscheiden? Das demokratische Glück der schnellen Bedürfnisbefriedigung scheint vollkommen zu sein; die Nahrungskommunion, die pausenlos in allen Citys stattfindet, vereint die Republik.

Die Natur des Städters

NATUR ist keine Gegebenheit, Natur ist ein Begriff: Jede Epoche füllt ihn mit neuen Vorstellungen an. Im Unterschied aber zu anderen philosophischen Termini wie Geist, Ich, Subjekt, Sein ist er stets mit sinnlichen Assoziationen verbunden: mit Landschaft, Baum, Quelle, Grün, mit Bildern vom tierischen und menschlichen Leib, von Sternen, Staub und Schmutz. Diese Vorstellungsinhalte verleiten dazu, dass jede Epoche ihr Verständnis von Natur für Wirklichkeit hält, die es, weil das Auge nicht trügen kann, so und nicht anders seit eh und je schon gegeben habe. Seit dem 18. Jahrhundert ist der Spaziergänger davon überzeugt, dass er in die Natur geht, wenn er vorhat, durch Alleen zu spazieren, durch Weizenfelder zu wandern oder durch Wälder zu lustwandeln. Doch unterscheiden sich diese kultivierten Pflanzen, die begrenzten Raine und die Geometrie der Äcker nicht von den Konstruktionen, die beim Bau einer Stadt vorgenommen worden sind. Als Natur erscheinen solch hergerichtete Landschaften nur aus der Perspektive der Stadt.

Der Begriff Natur ist von einem festen Standpunkt aus entworfen, und zwar immer als Gegensatz zu ihm. Natur ist immer das »Andere« zur Kultur: Dem denkenden und planenden Menschen erscheint als Inbegriff der Natur sein Leib und der ihm auferlegte Tod, der das Denken beendet und den Plan verdirbt. Der Gläubige, der sich um seine christliche Seele sorgt, spürt die Natur als Verführung, als Sünde. Der Städter wünscht sich aus der städtischen Zivilisation heraus, »retour à la nature«, in die uranfängliche Einfachheit des Nicht-gebauten – entsprechend kritisiert er die Stadt als Nicht-Natur. Heute, im Jahrhundert der Groß- und Weltstädte, muss notwendig die Natur das aus zivilisationskritischer Perspektive entworfene Gegenmodell zur Stadt sein, die Nicht-Stadt. »Die moderne städtische Lebensweise«, so stellt Hartmut Häußermann in seinem Buch »Stadtsoziologie« fest, »ist ein Triumph über die Abhängigkeit des Menschen von der Natur. Lebensweisen erscheinen umso städtischer, je weniger sie vom Zeitrhythmus der Natur diktiert werden.«

Es ist schwer, in der City noch Erinnerungen an die Natur zu finden, umso lieber kompensieren Kunstfotos diesen Mangel, indem sie die Ware, die sie anbieten, in Schaufenstern und auf Reklamen mit pathetischen Naturszenerien umgeben. Aber sogar die Jahreszeiten sind in der Großstadt kaum mehr zu spüren. Während man in den sechziger Jahren noch mit Bedauern feststellen musste, dass unser Klima es nicht erlaubt, draußen zu sitzen, ist neuerdings sonniger Süden überall. Das ehemals fast beliebteste Thema der Unterhaltung, das Wetter, ist dem Städter abhanden gekommen, seitdem allerlei technische Erfindungen die Abhängigkeit von dieser Naturgegebenheit weitgehend beseitigt haben. Stattdessen ist die Reise in die Natur eines der Themen, durch das Natur, aber eben nur im Gespräch, allgegenwärtig gehalten wird. Da gedenkt der Reisende nun seines Aufenthalts in der Karibik oder einer Busreise in die nähere ländliche Umgebung, wo es Jahreszeiten noch gibt. Wenn etwa der Städter im Herbst eine christliche Kirche beträte, fände er vor dem Altar auf dem Boden als Opfergaben, in großen Medaillons arrangiert oder zur Erntekrone geflochten, Roggen, Weizen, Gerste, zu Mustern gelegte Körner, Äpfel, Birnen, Trauben, Astern, Dahlien, alle Früchte des Feldes und die Blumen der Gärten. Die ländlichen Gemeinden feiern das Erntedankfest, wozu er, der Stadtbewohner, in seinem Supermarkt nicht den geringsten Anlass fände. Himbeeren im Oktober, Kirschen im Januar, Spargel im Dezember, Tomaten sowieso das ganze Jahr sind für ihn eine Selbstverständlichkeit. Der städtische Obst- und Gemüsemarkt kennt keine Witterung, und auch der Kunde übersteht die Unbilden des Wetters gut in seiner Thermokleidung. Die City ist eine Landschaft ohne Wetter, und in dieser Hinsicht ließe sich beinahe sagen: Stadt ist heute überall. Denn selbst am Rande der Skipiste lässt sich, wie vor dem Straßencafé, dank einer Spezialausrüstung aus guter Chemiefaser und mit Hilfe der wärmenden Elektrizität ein Drink im Schnee nehmen; in beheizten Bädern schwimmt man bei Minusgraden unter Gletschern, und wenn man es ausgerechnet an Weihnachten heiß und hell haben will, verwandelt man sich in einen Zugvogel und fliegt in die Karibik. Der Städter gibt sein Stadtleben nicht auf, in die Natur geht er vor allem, um zu beweisen, wie gut es funktioniert, wie sicher er sich seiner Vorteile auch dort bedienen kann. Schon der Bus, mit dem der Tourist in andere Städte, Länder, Landschaften gebracht wird, ist ein fahrendes Bistro, vollklimatisiert mit Bar, Toilette, Liegesitz, Kühlschrank.

Die Jahreszeiten verschwimmen dem Bewohner der westlichen Welt immer mehr, zu Ende ist es heute mit der »Saison« und selbst mit Tag- und Nachtzeiten. Schon im ausgehenden 19. Jahrhundert hat die Entdeckung der Glühbirne der Stadt einen ewigen Tag beschieden. Um dies zu genießen, entwickelte sich ein Nachtleben, erst für Erwachsene; heute gehört eine solch unnatürliche Zeitplanung auch zum Stil der Schüler, weshalb inzwischen sogar ein späterer Schulanfang diskutiert werden muss. Von den englischen Cities wurde der jugendliche Auftrieb der »Saturday Night« übernommen. Freitags und samstags verwandeln sich Teile der Innenstadt in ein Trinkgelage. Die City erwacht am Sonntag ziemlich begossen von Coca-Cola und Bier, sie wird am Montagmorgen geputzt, um wieder frisch dem Berufs- und Besucherverkehr übergeben zu werden. Selbst die modebewusste Frau weiß nichts mehr von einer Saisonfarbe, mit der sie auf der Straße zu erscheinen hat. Und auch die Theatersaison geht nahtlos in den Festspielsommer über, der den Namen der Festspiel-Stadt in die Welt trägt – kein Feuilleton mehr, das sich vor dem »Sommerloch« zu fürchten hätte. Selbst die Möglichkeit zu lernen besteht das ganze Jahr über: Die Sommerferien lassen sich, für Schüler wie Senioren, durch »Summer Schools« und lehrreiche Führungen füllen.

Von der Hütte bis zum Heizstrahler also reicht das Bestreben des Menschen, sich von der Natur, von den Jahreszeiten, der Temperatur, von Tag und Nacht unabhängig zu machen, und die City ist der Ort, an dem sich zeigt, wie weit ihm dies inzwischen gelungen ist. Mit den neuen Sitten ist der Sieg der Technik über die Natur mitten im Alltags- und Stadtleben angekommen. Die neue und stets zu erweiternde Freiheit bedeutet aber auch einen Sieg der Aufklärung über die Religion. Nicht nur der Abschluss der Ernte, alle Naturereignisse waren einst und sind zum Teil noch heute von religiösen oder archaischen Riten begleitet. Heidnisches Brauchtum und kirchliche Feste wie Ostern, Pfingsten, Weihnachten, Fastenzeiten, Feldersegen hängen vom Stand der Sonne, von Vegetationsphasen und Fruchtbarkeitsepochen ab. Werden die Naturbedingungen aufgehoben, so versinken auch die Erinnerungen an diese Riten.

Die Stadt focht zu allen Zeiten einen Kampf mit der Natur aus; bereits ihre Gründung ist der Natur abgetrotzt. Dem widerspricht es nicht, dass Zeichen der Natur in ihr zu allen Zeiten, wenngleich in stets anderer Gestalt, aufgestellt und eingerichtet wurden – und es bleibt zu fragen, ob dies auch für die heutige City noch gilt. Wer Zeichnungen alter Städte betrachtet, erstaunt darüber, wie mächtig die Natur in der Stadt noch war. Auf der Zeichnung Goethes etwa von der Piazza del Popolo, dem einstigen Tor zur Ewigen Stadt, vor dem sich heute die Autos stauen, verfallen windschiefe Häuschen und Hütten aus Holz. Inzwischen ist in den Cities auf dem Asphalt kein Stäubchen mehr zu finden, deshalb muss der Bürger in seiner Wohnung oder in den Ferien nach möglichst deutlichen Zeichen von Natürlichkeit suchen. Die Sehnsüchte eines deutschen Pensionärs, der sich im Alpenvorland oder im Schwarzwald von der Stadt erholt und dort ein Hotelzimmer oder Appartement mietet, erfüllen sich in einer künstlichen Natürlichkeit aus bedrohlichen, schwarz gebeizten Balken. Aus dem Café mit den Stühlen aus Holzimitation flieht er in den Salon des Neandertalers.

Der Wunsch nach solch manifester Natürlichkeit konnte aber erst entstehen, nachdem es gelungen war, die Häuser dauerhaft in Stein zu bauen, die Misthaufen und Senkgruben von der Straße zu verbannen, die Hühner in Ställe einzusperren und den Staub, den der Wind in Mund und Nase wirbelt, unter Pflastersteinen zu verbergen. Repräsentative Zentren der Stadt – das römische Forum etwa –

waren marmorne Siege über die Natur, die rings
um sie herum noch weiterwucherte. Solche Souveränität wurde dennoch durch die Allgegenwart von
Krankheit und Tod dauernd in Frage gestellt. Je
mehr Natur sich in die Stadt drängte, desto weniger
konnte der Mensch bestrebt sein, sie hereinzuholen.
Erst im 18. Jahrhundert, als das Bemühen, die Natur
zu beherrschen, weitgehend gelungen war, sollte
paradoxerweise eine Bewegung einsetzen, die versuchte, Natur in der Stadt wieder zu etablieren.
Je haltbarer die Wege in der Stadt und über Land
wurden, desto mehr sehnte sich der Fuß nach den
weichen Kieswegen der Parks; je weniger Natur in
der Stadt noch zu spüren ist, desto stärker vermeh-
ren sich die Ersatzzeichen von Natur – private und
öffentliche Gärten, Balkonpflanzen, bepflanzte Va-
sen –, die in ihr aufgestellt werden. Der Charakter
dieser Zeichen ändert sich von Epoche zu Epoche,
Ersatz aber ist alles, was an Natur in der Stadt ein-
gebürgert wird.
   In der heutigen City scheint die Sehnsucht nach
Natur aus dem öffentlichen Leben verbannt zu sein.
Um das Bild einer von der Natur gereinigten Stadt
zu skizzieren, sollte man am wenigsten an die Städte
Europas denken. Eine baumlose Geometrie der Straßen weist die amerikanische City bis zum heutigen
Tage – die Ausnahme des »Zentralparks« in einem
uferlosen Häusermeer widerspricht dem nicht – als
den Typus der Stadt aus, die endgültig die Natur
bezwungen und verbannt hat. Beton, Zement und

Asphalt lassen kein Pflänzchen mehr hochkommen. »It doesn't, unlike wine, age gracefully«, so der Dubliner »University Observer« 2008, der einen von angelsächsischen Architekten oft vorgebrachten Einwand gegen Beton als Baustoff zitiert. Den modernen Materialien kann Natur, die immer Vergänglichkeit ist, wenig anhaben. Mauern aus Beton und Fassaden aus Glas bröckeln nicht langsam und zeigen durch keinen rieselnden Sand das Verfließen der Zeit an; die Natur erobert sich das »Gebilde von Menschenhand« nicht mehr zurück, indem Pflanzen es überwuchern. Die Ruinenromantik ist und bleibt auf die aus Naturstein erbauten Tempel und Burgen angewiesen. Den modernen Hochhäusern stehen Staub und Ruß nicht gut zu Gesicht. Die Gebäudereinigungsbetriebe sind die Kosmetiker, die den neuen Materialien ihre alterslose Schönheit erhalten müssen, damit sie überhaupt akzeptabel aussehen. Die Schönheit der neuen Architektur erhebt sich über die Natur – die Zeit, die mit ihr im Bunde steht, darf an ihnen nicht sichtbar werden.

Auch in den Straßen liegt die Natur unter dem Asphalt begraben. Verstaubte Kleider, verschmutzte Schuhe hat keiner zu fürchten, wenn er die wenigen Schritte vom Auto durch die Hauptstraße zum Einkauf, Imbiss oder feierlichen Empfang eilt. Ohnehin weiß man sich im Auto gefeit gegen jeglichen Angriff der Natur; dieses Instrument ist haltbarer als jede mittelalterliche Rüstung. Eine derart gewappnete Gesellschaft wird freilich in allen übrigen

Lebensäußerungen denselben gerüsteten Brutalismus bevorzugen. So sind die Fenster der Büros nicht mehr Augen nach draußen, sondern dickverglaste Panzerscheiben, mit denen die drinnen sich vor Lärm schützen. Im Zentrum der Städte sehen die Häuser – ein paar Passagen sprechen nicht dagegen – immer burgartiger aus. »Zitadellenkultur« nannte O. K. Werckmeister diesen Baustil.

Im 20. Jahrhundert und vor allem in den Städten der Nachkriegszeit sind – im Vergleich zu den ausgedehnten Parks des 19. Jahrhunderts – die Zeichen der Natur unscheinbar, punktuell, zufällig geworden. Im Eifer des Wiederaufbaus hat man Natur einzubauen vergessen, und nachträglich ist nur an wenigen Ecken in den überfüllten Städten Platz für ein paar Blumenkübel, Ahornbäume, Brunnen und Bänke geblieben. Alles dies, was man heute als die »Möblierung« der Städte verspottet, setzt sich zusammen aus Versatzstücken des ehemaligen geschlossenen Ensembles im Park. Die eigentliche City, diese Kaufhausmeile über U-Bahnschächten, hat, dem ästhetischen Einwand von Architekten folgend, durch diese Versatzstücke die Natur zunehmend verbannt, und damit nichts weiter getan als im Dienste der Ökonomie das Areal erweitert für den Konsum.

Ganz haben sich die Städter die Erinnerung an die Natur dann doch nicht nehmen lassen. Sie besitzen sie im wörtlichen Sinne auf den beliebten Holzbänken, die, in Reih' und Glied aufgestellt wie im Biergarten, auch der Straße der City die Atmosphäre derber Gemütlichkeit verleihen, Biergartenwetter ankündigen und Biergartenstimmung auf dem Asphalt versprechen. Diese Bestuhlung hat gegenüber dem Blumenkübel den Vorteil, dass sie keinen unbezahlten Platz wegnimmt und dennoch Natur signalisiert.

Mit dem Grün in der Stadt, sei es auch beschränkt auf Blumenkübel, Boskette und Bäumchen, falls solche aus dem Ambiente des Parks noch ins heutige Straßenbild gerettet worden sind, ist die letzte Stufe der Erinnerung an die Natur noch nicht erreicht. Das städtische Grün gehört ins 19. Jahrhundert und ist in der heutigen City ein Atavismus. Die eigentliche Natur ist der menschliche Körper, Natur ist, was der Haut und der Lunge wohltut. Früher war die Stadt eine Öffentlichkeit, in der der Mensch als repräsentative Person zu erscheinen hatte, sein Körper unter Kleidern, den Symbolen der Zivilisation, verborgen sein musste. Heute tritt der Städter anonym auf; wenn er nicht gerade in Geschäften durch die Straßen eilt, pflegt er vor aller Öffentlichkeit seinen Körper. Alles, was heute als Freizeit in der City geschieht, dient dem Wohl des Leibes, nicht nur das viele Essen, sondern vor allem auch der legere Stil der Kleidung.

Wenngleich in den Büros und Geschäften, die die Straßen säumen, noch Anordnung und Rangordnung herrschen, so macht die Straße, auf die die Menschen in jeder freien Minute drängen, alle gleich. Dieser Eindruck entsteht durch jene merkwürdige Mischung aus Anonymität und häuslicher Gemütlichkeit, die das Straßenleben heutzutage kennzeichnet. Anonymität ist das ursprüngliche Charakteristikum der Großstadt. In diese befremdliche Situation des Einzelnen in der Masse führen die Menschen heutzutage eine Nachlässigkeit ein, die bislang nur im Umgang mit Nächststehenden erlaubt war.

Die Rolle als natürlicher Mensch hat man allerdings zunächst in der Ferne, im Urlaub, geübt. Inzwischen aber beherrscht man sie auch in der Stadt. Die Straßen sind Strandpromenaden geworden, die Parks Liegewiesen, die Brunnen Planschbecken. Unsere Städte werden als Ferienorte geliebt. Im Zentrum der Städte streunen lauter Aussteiger und Entwischte: Sie sind dem Auto entronnen, der Familie, dem Vorgesetzten, dem Beruf; hier gewinnen sie einen Platz an und in der Sonne, Freunde, einen Imbiss und allerlei Konsum. Das Nachspiel der Ferienreise am Heimatort entfaltet sich so recht erst auf den Plätzen und Wiesen vor Schlössern und in Parks, die nun von den Körpern der Erholungssuchenden in Besitz genommen werden als Liegewiesen und Spielplätze. Die Ausstellung des nackten, des natürlichen Körpers in der Stadt demonstriert den Anspruch des Lebens.

Die Blasiertheit des Großstädters und das Glück des Touristen, der seine »natürliche Unschuld« mitten in der Zivilisation beibehalten möchte, vereinen sich in der City und führen zu einer Infantilisierung, die sich im Daueressen, Herumliegen, Sich-Bräunen und in der nachlässigen Kleidung äußert. Man benimmt sich in der Stadt, als wäre man nicht in ihr. Im kollektiven Raum der Stadt tut sich in den Nachwirkungen des Urlaubs der Vorschein einer utopischen Gleichheit auf, die allerdings eine ästhetische Gleichgültigkeit ist. Schönheit war seit je ein Statussymbol und die glücklich-unglückliche Folge der Zivilisation, der Entfernung von der Natur. Die demokratische Gleichheit tendiert daher notwendig zur Unschönheit; diese ist das neueste Substitut der Natur in der Stadt.

Versteht man die Stadt als Mantel, mit dem sich der Mensch zum Schutz gegen die bösartigen Angriffe der Natur umgibt, als Festung, in die Natur gebändigt nur als schmückendes Ersatzstück eingelassen wird, so treten inzwischen in ihr zwei neue allegorische Figuren des Natürlichen auf: der Raucher und die Mutter. Der eine stellt die zerstörende Kraft der Natur dar, die andere ihre Segen bringende Energie. Der Raucher ist Repräsentant einer leichtsinnigen Zerstörung von Leben, die Mutter Garant des Lebensglücks, der Fortdauer der menschlichen Gattung und speziell der städtischen Gemeinschaft.

Weder die Diffamierung des Rauchers noch die Begünstigung der Frau als Mutter gehören zur Tradition des innerstädtischen Daseins. Beider Wertschätzung und Rolle in der Öffentlichkeit waren bis vor kurzem, ja man kann sagen, bis zum Zeitpunkt, da der Begriff »Stadt« endgültig auf den Inhalt City geschrumpft ist, geradezu umgekehrt: Der Raucher lebte in der Stadt, die Mutter war seit je ins Haus gebannt. Rauchen gehört zum Bild, zur Pose eines abenteuerlichen Stadtlebens. In den verrauchten Cafés und Kneipen trafen sich helle Köpfe, deren Gespräche wie ihre Zigaretten glühten, sie entwarfen Ideen, die, wie das Suchtmittel, berauschend und gefährlich waren. Noch die Generation der Studentenbewegung zog es nach Berlin vor allem der verrauchten Kneipen wegen, wo man den Nachbarn im Nebel kaum noch sehen, ihn dafür in der Enge des Gedränges umso deutlicher spüren konnte. Rauchen war das Stimulans, das den Kopf auf die Zukunft hin richtete, und Intellektualität ein Abenteuer.

Allerdings waren diese todesmutigen Raucher von 68 auch die Revolutionäre des Alltags, die die Mutter aus ihrer häuslichen Verbannung befreiten. Die Schwangere in der Latzhose war Kommilitonin im wahrsten Wortsinn, Mitkämpferin. Im Arbeiterkittel oder in der Handwerkerhose ging sie mit der Zukunft schwanger. Die Mutter, die in der Öffentlichkeit ihr Kind stillte, führte den Bürgerinnen ihre falsche Prüderie vor Augen, sie verwies auf den Ursprung der Menschheit, wo Nahrungsaufnahme eine Natürlichkeit gewesen war. Das lustige Essen von der Hand in den Mund, das heute allenthalben betrieben wird, lernte der Säugling damals gleich an der Mutterbrust. Nahrungsaufnahme ist, so hieß das, Leben pur. Die studentische Linke entdeckte die Wahrheit des Leibes, die Mutter, die ihr Kind nährte, hat sie an den traditionellen Kultorten der Stadt, in den Cafés vor allem, zur Schau gestellt.

Die Studenten brüskierten die gute Sitte, die angeblich die Natur des Menschen missachtete, nicht nur hier, sondern generell, sie liebten sich in aller Öffentlichkeit, ließen sich als Männer die Haare wachsen, banden sie auch zum Pferdeschwanz – diese Verminderung der Geschlechterdifferenz ging mit einer Schamlosigkeit einher, deren Sinn es war, die verbogene und verlogene Moral des Bürgertums zu entlarven und die Unnatürlichkeit der städtischen Sitten anzuklagen. Die Herabsetzung der Schamgrenze aber gewann mit dem Auftritt der stillende Mutter ihr plausibelstes Argument: Sie zeigt die Natur am Anfang allen Lebens.

Das provozierte und zunächst verstörte »Establishment« erholte sich dennoch schnell und konterte die Provokation, indem es die Idee von der Natürlichkeit des Leibes übernahm und sie in Maßen vor allem da nutzte, wo sie auch ihr Leben kommod machte. Aus den Lockerungen im Benehmen, das die Bürger von den Studenten lernten, entstand der City-Stil von heute. Die Linken waren Wegbereiter der brüderlich-schwesterlichen Nonchalance der Innenstädte. Zwar ist die öffentlich stillende Mutter selten geworden, der Müttertreff mit Baby jedoch, die Verlagerung der häuslichen Intimität in die Öffentlichkeit, wurde zur festen Einrichtung: Junge Frauen haben in der City einen bestimmten Café-haus-Tag, wie einst die Omas ihr Kränzchen, an dem sie sich, zu fünft, zu sechst, treffen. Mütter mit Kleinkind im zusammenklappbaren Kinderwagen tauchen aus der Tiefgarage auf – sie bevorzugen Lokale in deren Nähe –, versammeln sich um ein Tischchen und beginnen unter fröhlichem Geplauder, ihre Babys – nun artig, wie es sich für die disziplinierte City gehört, aus Fläschchen – zu nähren. Hier findet die Klippschule des Daueressens statt, das inzwischen Sitte ist und auf das das Kleinkind frühzeitig vorbereitet werden muss.

Aber auch die Schwangere, die vom sechsten Monat an im hautengen T-Shirt auf der Straße erscheint, ist eine Glücksdarstellerin. Feministinnen legen die politische Werbung für mehr Geburten als eine Abwerbung emanzipierter Frauen aus dem Berufsleben aus, und haben recht damit. Ebenso ernst zu nehmen ist aber auch das offizielle Argument, mit dem die Notwendigkeit einer Geburtensteigerung begründet wird: Es gehe um die Sicherung der Renten und das heißt, um den Glauben an ein möglichst langes und unbeschwertes Leben, also wieder um den Sieg der Zivilisation über die Natur. Der Anblick einer Schwangeren verschafft das Vertrauen, dass es so weitergehe in alle Ewigkeit, dass die Natur nur da, wo sie Gutes tut, in die Stadt eingelassen wird.

Das Kind selbst wird in der City als ein Stück Natur vorgeführt, deshalb darf es auch wild sein wie die Natur selbst. Seit Rousseau sind Kinder nicht einfach Menschen, sondern, so Katharina Rutschky »Übermenschen, die von der erwachsenen Umwelt peu à peu korrumpiert werden.« Mit dem Programm einer »kindgerechten Stadt« zeichnet sich die Kommune als utopischer Raum aus, in dem die Natur und das Gute im Menschen wieder zu ihrem Recht kommen.

Weitab von den Spielinseln der Kinder liegen die Raucherinseln für jene Erwachsenen, die die Sorge um den natürlichen Leib wenig anficht und die die Maßnahmen der Kommune lieber als Gesundheitstyrannei verachten. Dabei ist die Zuordnung des Todes an diese Personengruppe ziemlich willkürlich. Die Raucher stehen in der Kälte vor der Reklame für ein Auto, für das eine blühende weibliche Gestalt, das Leben selbst, wirbt; die Zigarettenreklame neben ihr klärt darüber auf: »Rauchen kann tödlich sein«. Entsprechendes aber ließe sich ebenso gut auf das umworbene Auto schreiben: »Autofahren kann tödlich sein«, denn der Auspuff überbietet jeden Zigarettenkonsum durch seinen schädlichen Ausstoß. Kinderlungen im Parkhaus – das müsste einer besorgten Öffentlichkeit in der Tat einen Gedanken wert sein.

Mit dem »natürlichen« Leib jedenfalls ist der gemeinsame Nenner der Demokratie gefunden, und so hat er heute seinen Auftritt in der City. Wer seinen Chef am Imbissstand trifft, begegnet einem besser gestellten Mitmenschen, nicht einem Vorgesetzten und schon gar keinem Machthaber. Die Freiheit des schlechten Benehmens, die Gleichheit des Hungers und die Brüderlichkeit der Nahrungsaufnahme stiften jene kleinste Einheit der Demokratie, deren Ort die City, deren symbolische Geste der mittägliche Gruß und Genuss ist, eben die kurze gemeinsame Lebensfreude. In unendlicher Bewegung und Variation stellt sich so in der City Tag für Tag aufs Neue solch friedliche Kommunikation her und bestätigt die Demokratie.

Von der bedrohlichen Masse
zur friedlichen Menge

»Das Volk begibt sich mit jedem Schritt in die Gefahr,« beobachtete Louis-Sébastien Mercier Mitte des 18. Jahrhunderts in Paris, »durch die unzählige Menge der Wagen gerädert zu werden, in denen sich Leute gemächlich transportieren lassen, die unendlich weniger wert sind als die, die sie mit Kot bespritzen und über den Haufen zu fahren drohen. Mich schaudert, wenn ich den fliegenden Trab eines Pferdegespanns höre, das in vollem Lauf daherbraust in einer Stadt, welche von schwangeren Weibern, von Greisen und Kindern voll ist. In der Tat, nichts kann für die menschliche Natur beleidigender sein als die grausame Gleichgültigkeit gegenüber Gefahren, die sich jede Minute wiederholen.« Merciers »Tableau de Paris« eröffnet eine Bibliothek von Großstadtbeschreibungen, die die Angst zum Thema haben. In seinem utopischen Roman »Das Jahr 2440« aber beglückt er dann seine Leser mit der Vision einer geordneten Stadt, in der der Verkehr in zwei Richtungen getrennt rechts und links verläuft, so dass das Chaos, das im Paris seiner Zeit noch herrscht, nicht mehr vorkommen kann.

Mercier verlegt ins Jahr 2440, was die Großstädte sich viel früher schon ausdachten, um Ordnung auf

147

ihre Straßen zu bringen. Erst in der Fußgängerzone der City kann die Regel der gegenläufig gerichteten Ordnung wieder aufgegeben werden. Die Menge in den Innenstädten, die nicht kleiner ist als die in Merciers Paris, bewegt sich durcheinander und, da das Auto, der Nachfolger des Pferdegespanns, verbannt ist, ohne sich gegenseitig in Gefahr zu bringen. Die Straße der City ist, vom frühen Morgen bis in die späte Nacht, von Menschen voll. Sie treiben unaufgeregt durcheinander, eilen ihren Pflichten oder Vergnügungen zu und befinden sich, wenn der physiologische Blick nicht trügt, in einem Zustand gelangweilter Zufriedenheit, über der ein leiser Hauch von Skepsis schwebt. Das Ziel der Stadtplaner, Urbanität durch Dichte, ist erreicht, und keiner fühlt sich in dieser Dichte gefährdet.

Die heutige Innenstadt ist ein Schlaraffenland auf Zeit, wo es sich gut essen, trinken, liegen lässt und wo man vergisst, was man – durch Geld oder Arbeit – dafür zahlt. In dem so entstandenen Stundenparadies gibt es viele Menschen, aber keine Zusammenrottung; der Fanatiker hat sich zum Fan beruhigt, der sich auf Festinseln austobt. Die einstigen Führer der Massen sind durch Arbeitgeber ersetzt und durch Verführer, deren Nahrung und Waren die Stadt zum Lustort machen. Anders als bei panem et circenses im alten Rom zahlt die Menge fürs Vergnügen, und wer zahlt, ist Individuum, nicht Massenmensch. Das Portemonnaie macht den freien Bürger.

Im historischen Kontext muss die Gelassenheit der Menge verwundern. Der Gedanke an die Stadt war bis in die Gegenwart sowohl für die, die sich darin aufhielten, wie für die, die sie beobachteten, von Emotionen widersprüchlichster Art begleitet, und es bedarf der Erklärung, wie und warum heute der Einzelne der Menge gegenüber einen solchen Gleichmut aufbringt. Die Verdichtung, die durch den Zustrom zu den Metropolen im 18. und 19. Jahrhundert entstand, wurde mit Lust oder Schrecken, jedenfalls mit großer Erregung wahrgenommen. Auch wenn, wie seit der Mitte des 19. Jahrhunderts in London, Merciers Plan des geregelten Straßenverkehrs schon verwirklicht war, blieb die Masse ein Phänomen, auf das die Zeit mit Verstörung reagierte. »Das Straßengewühl«, so schreibt Friedrich Engels in seinem Buch »Die Lage der arbeitenden Klasse in England« (1845), »hat etwas Widerliches, etwas, wogegen sich die menschliche Natur empört. Diese Hunderttausende von allen Klassen und aus allen Ständen, die sich da aneinander vorbeidrängen, sind sie nicht *alle* Menschen mit denselben Eigenschaften und Fähigkeiten und mit demselben Interesse, glücklich zu werden? [...] Und doch rennen sie aneinander vorüber, als ob sie gar nichts gemein hätten [...] und doch ist die einzige Übereinkunft zwischen ihnen die stillschweigende, daß jeder sich auf der Seite des Trottoirs hält, die ihm rechts liegt, damit die beiden aneinander vorbeischießenden Strömungen des Gedränges sich nicht gegenseitig aufhalten; und doch fällt es keinem ein, die andern auch nur eines Blickes zu würdigen.«

Die neue Stadt, von weltlicher wie kirchlicher Hand nicht sicher mehr gelenkt, weckte apokalyptische Ängste oder löste himmlisches Entzücken aus. Die Erregung hatte ihren Grund sowohl in den wirklichen Gefahren des Straßenverkehrs wie in politischen Aufständen, die das ganze 19. Jahrhundert hindurch die Ruhe in den Metropolen bedrohten; diese Erregung war aber auch eine Phantasmagorie, erzeugt von Gehirnen, die mit den neuen Bewegungsweisen auf den Straßen nicht zurechtkamen. »Masse« blieb bis in die Mitte des 20. Jahrhunderts hinein in Literatur und Philosophie ein negativ besetzter Begriff, »Menge« konnte, abhängig von der Situation, positiv oder negativ konnotiert sein. Wie auch immer aber die Reaktion auf die Stadt ausfiel, auf jeden Fall war sie emphatisch.

Die Erwartung, die durch das Faszinosum Stadt geweckt wurde, war ein gemischtes Gefühl, dem Erlebenden selbst undurchschaubar: Angstlust. Rilke bekennt diese Angstlust dem Monster Stadt gegenüber 1902 in einem Brief an Otto Modersohn: »Paris [...] schwere, schwere, bange Stadt. Und die schönen Dinge, die da sind, machen mit ihrer strahlenden Ewigkeit doch nicht ganz gut, was man durch die Grausamkeit und Wirrheit der Gassen und die Unnatur der Gärten, Menschen und Dinge leiden muß [...]. So müssen die Städte gewesen sein, von denen die Bibel erzählt, dass der Zorn Gottes hinter ihnen emporstieg, um sie zu überschütten und zu erschüttern.« Furcht und Seligkeit mischen sich in das Staunen, mit dem die Stadt ihr Gegenüber, den Passanten, überrascht, der Subjekt und Objekt der Betrachtung zugleich ist.

Was die Poesie nur als Emotion zu beschreiben vermochte, betrieb der Stadt-Essay als Aufklärung. Seine über zwei Jahrhunderte währende Enquête entdeckte die Stadt als existentiellen Raum, als den neben der Familie wichtigsten Ort des Subjekts. Die publizierten Reflexionen stellen die ersten soziologischen Überlegungen über das Verhältnis des Einzelnen zur Masse dar. Einen »unzerlegbaren Grundbegriff« nennt Siegfried Kracauer das Wort »Masse«, das, vergleichbar dem Begriff »Geschichte«, der die Summe aller historischen Einzelfälle enthält, eine soziale Totalität aus Einzelexistenzen fasst. Wie Volk, so hat auch Masse einen ihr zugehörigen Raum: Zum Volk gehört das Vaterland, der Masse gehört die Stadt; das Volk versteht seinen Raum als Heimat, die städtische Masse treibt heimatlos umher, ist, wie die ersten Stadtsoziologen sagen, entwurzelt, unkontrollierbar einerseits, verführbar andererseits und aus beiden Gründen gefährlich.

Die geradezu philosophischen Sorgen um die Masse richten sich auf grundsätzliche Fragen der menschlichen Existenz, und die beginnen bei der Physis. »Die empirische sozialwissenschaftliche Großstadtforschung begann«, so konstatiert Hartmut

Häußermann in seiner »Stadtsoziologie«, »als Gesundheitsforschung«. Stadt und Land werden im 19. Jahrhundert wie krank und gesund einander entgegengesetzt. Gustave Le Bon diagnostiziert die Gefahr, die von Menschenansammlungen ausgehe, als Epidemie: »Vermöge ihrer bloß zerstörerischen Macht wirken sie gleich jenen Mikroben, welche die Auflösung der geschwächten Körper oder der Leichname zu Ende führen. Ist das Gebäude einer Zivilisation wurmstichig geworden, so sind es stets die Massen, welche dessen Zusammensturz herbeiführen.« (»Psychologie der Massen«, 1895) Auch Haussmanns Pariser Boulevards entstanden ja als hygienische Maßnahme im Zusammenhang mit der Kanalisierung der Innenstadt; sie liefen oberflächlich über den Kanälen entlang (und wurden deshalb ein beliebtes Motiv in Romanen und Filmen, die damit den Untergrund des städtischen Lebens sinnlich darzustellen meinten). Erst nach dieser Bereinigung konnte die Stadt seit Beginn des 20. Jahrhunderts zum Traum und Sammelplatz jener Intellektuellen werden, deren Feuilletons sie zum schönen Ungeheuer verklärten. Sie spielten mit einer Gefahr, die gebannt war, und genossen dies als Romantik des Verruchten, Abenteuerlichen, Verkommenen.

Mit der hygienischen Abneigung gegen die Masse ging ein politisches Misstrauen einher. Jedes Nachdenken über Masse weckte Erinnerungen an die Revolutionen, die 1789 in Paris begannen und sich im 19. Jahrhundert wiederholten: »Das göttliche Recht

152

der Massen wird das göttliche Recht der Könige ersetzen«, stellt Le Bon fest. Dieses »göttliche Recht« trete mit unbeherrschbarer Naturgewalt auf. »Gegenüber den Überzeugungen der Massen gibt es ebenso wenig eine Diskussion wie gegenüber einem Zyklon«. Seither wird die Stadt als gereiztes Tier empfunden, das wegfegt, was sich ihm in den Weg stellt. Die Masse erfasse, so noch einmal Le Bon, unabhängig von Stand und Bildung jedermann, weshalb selbst die Demokratie kein Mittel gegen Massenausschreitungen darstelle: Der Mensch steigt in »einer organisierten Masse [...] mehrere Stufen auf der Leiter der Zivilisation herab. Isoliert war er vielleicht ein gebildetes Individuum, in der Masse ist er ein Barbar, d.h. ein Instinktwesen«. Dieses Urteil teilt auch Ortega y Gasset Ende der zwanziger Jahre in seinem Buch »Der Aufstand der Massen«. Die Masse sei die Ansammlung der »nicht besonders Qualifizierten«. Gerade ihnen gehöre die Zukunft: »dieser Menschentypus« werde »weiter Herr in Europa«, so dass »unser Erdteil in die Barbarei zurückfällt.«

Unter den verängstigten Intellektuellen fand sich selten einer, der, wie André Gide, hoffnungsvoll in die Zukunft sah. Als er 1936 die Sowjetunion besuchte, bestaunte er das Glück in den Gesichtern der Menschenmassen in der Großstadt. Eine Angst vor der Masse kann es weder im Kommunismus noch im Faschismus geben, da die Masse diszipliniert in Reih' und Glied aufmarschiert. Auch wenn

Gide Ruhe und Glück in den Gesichtern der Passanten feststellte, so ist es die verinnerlichte Ordnung der Ideologie, die die Masse lenkt und das Chaos bannt.

Erst nachdem die Angst vor der Revolution verdämmert war, setzte eine andere Sorge um die Stadt ein, die Angst vor der Vereinsamung des Menschen in der Masse, die Georg Weerth schon 1843 in London empfand: »Wie einsam fühlte sich meine Seele in diesem Gewirr«. David Riesmans Buch »Die einsame Masse« (1956) entpolitisierte die Diskussion über die Masse, indem er den »außengeleiteten Menschen« entwarf. Von Riesman bis zu Alexander Mitscherlich wird mit Hilfe dieses Terminus das Stadtleben abgewertet. In »Die Unwirtlichkeit unserer Städte« geht Mitscherlich von einer »Momentpersönlichkeit« aus, die nur eine »oberflächliche Objektbeziehung« herzustellen und deshalb auch nur eine »flache Identität« zu entwickeln vermag. Mitscherlichs »Biopathologie der industriellen Massenzivilisation« kommt zu dem Schluss, dass die Konformität der Städte dem Menschen das Gefühl der Zugehörigkeit raube, ihn also heimatlos mache.

Diese pessimistische Einschätzung des Verhältnisses von Individuum und Gesellschaft, die sich, ganz von der Außenseite des Subjekts und vom Ort seines Aufenthalts, der großen Stadt, herleitet, wurde durch die Chicagoer Schule der Soziologie begründet, der neben Riesman auch John Dewey, Margaret

154

Mead und Thorstein Veblen angehörten. 1892 entstand in Chicago die erste Fakultät, die »Urban Ecology« zum Forschungsgegenstand hatte und den Traum der Dichter von der Stadt als geistvoll-sündigem Babylon zum nüchternen wissenschaftlichen Gegenstand machte. »Urbanism as a Way of Life«, Louis Wirths berühmter Aufsatz von 1938, dokumentiert die Entstehung einer neuen Disziplin, das ethnologische Studium des Menschen in den Städten des eigenen Landes. Die Chicagoer Schule beobachtete die räumliche Trennung der Lebensbereiche, die zuvor in der Stadt zusammengehörten, der Herrschenden und Dienenden, der reichen Kaufleute und armen Handwerker, der Frommen und Sünder, Gecken und Bettler. In der funktionalen Trennung von Wohnung und Arbeitsplatz, Kultur und Amüsement erkennt diese urbanistische Soziologie die Chance zur politischen Sicherung der Gesellschaft durch kollektive Disziplinierung. Segregation war der Leitbegriff für die Stadtplanung, den man heute wieder in Frage stellt. Die Stadt, so der Vorschlag der Chicagoer Schule, sollte in klar voneinander unterschiedene Zonen aufgeteilt werden, in Zentrum, Subzentren, Arbeiterviertel, Industriezonen, Wohnviertel für die Oberschicht, die Mittelschicht, Einkaufzentren, Vergnügungsviertel. Diese Zerlegung des Heterogenen in homogene Teilbezirke schuf auch die moderne City, einen geographisch und ökonomisch definierten städtischen Raum, in dem viele Menschen sich aufhalten und wenige leben, in dem viel gearbeitet wird und dennoch wenig Arbeit zu beobachten ist.

Nach all den Schreckensvisionen, die die städtische Masse ausgelöst hatte, sehen die Chicagoer Soziologen eine Gliederung der Stadt vor, die den Aufenthalt vieler dort möglich macht, ohne dass sie einander stören oder gefährlich werden. Die Präsenz der Besucher aus den segregierten Zonen in der Innenstadt ist, da sie nur partielle Bedürfnisse befriedigen und nur bestimmte Geschäfte erledigen, zeitlich begrenzt. Das neue Leben in der Stadt widerspricht der alten bürgerlichen Stadt, die im engen Raum den materiellen, geselligen, kulturellen, religiösen Ansprüchen der Bürger genügte, entspricht aber ganz dem Zustand, den Max Weber in der städtischen Organisation der Moderne erkannte. Sie sei eine Folge der okzidentalen Rationalität, geprägt durch Handel und Kapitalismus. Ein eigenständiges Rechts- und Verwaltungssystem habe sich entwickelt, das Leben und Gewerbe schütze. In der heutigen City mit ihren Verwaltungsgebäuden und Büros ist unschwer die architektonische Verkörperung dieser Rationalität zu erkennen, ihre gebaute Manifestation, die sich einer großen Menge von Menschen präsentiert.

Fast hat es den Anschein, als seien alle, die die Stadt besuchen, eingeladen, das Funktionieren dieses Systems zu bestaunen und zu bestätigen. Wozu sonst sollte ihr Besuch dienen an einem Ort, an dem sie, falls sie hier nicht arbeiten, wenig zu tun haben?

Sie frönen gerade dem Laster, das Max Weber als die Sünde bezeichnete, die in der rationalen Welt der Moderne keinesfalls vorkommen darf: dem Müßiggang. Müßiggang galt in der christlichen und nachchristlichen Epoche, anders als in der Antike, als aller Laster Anfang – ein Privileg der Reichen aber blieb dies Laster auch in diesen Zeiten. Noch in der Stadt des 19. Jahrhunderts bewegten sich unter den Unfeinen, die arbeiteten, die Feinen, die für sich arbeiten ließen. In der typischen Stadt des frühen 20. Jahrhunderts jedoch, im Financial District etwa einer amerikanischen Metropole, findet nichts statt als Arbeit, auch wenn diese, in Hochhäuser versteckt, kaum sichtbar wird.

Inzwischen ist die deutsche City ein ähnlicher Verwaltungsdistrikt. Anders aber als in den amerikanischen Metropolen wird der Sockel der Bürohochhäuser von einer vergnügten Menge umspült, die demonstrativ dem Müßiggang frönt. Auch die, die dort, ohne gesehen zu werden, den ganzen Tag arbeiten, spielen, sobald sie auf der Straße erscheinen, den Nichtstuer. Müßiggang muss hierzulande in der City demonstrativ gepflegt werden. Nur so kann der, der arbeitet, zeigen, dass er zugleich auch ein Konsument ist, der für die Funktion des Systems ebenso nötig ist, wie einer, der arbeitet. Auf den Straßen der City findet die Verwandlung des Berufstätigen in den Genießer, des Angestellten in den Müßiggänger statt – ein Nichtsnutz ist er in keiner der beiden Rollen.

Zur neuesten Funktion der City gehört das Programm des organisierten Müßiggangs. Müßiggang stellt sich dar als Belohnung für die stets Pflichtgetreuen, die in Büros und Läden arbeiten, für überanstrengte Mütter und Väter, die aus dem Umland zum Einkauf angereist kommen, für überforderte Lehrer, überbeschäftigte Museumsleiter, ihre überorganisierten Kunden mit dem überfüllten Kulturkalender. Selten noch torkelt, wie durch das romantisierte Paris, ein Alkoholiker durch die City. Hier erholt sich der Workaholic. Der Luxus der Demokratie sind die paar freien Minuten, die man sich am hellen Tag zwischen Geschäft und Geschäft in der City gönnt.

Der Müßiggang macht alle gleich. Auf den Straßen der City von heute treffen sich Genießer, gleich welchen Ranges und Einkommens, und die sind immer friedlich. Die neuerdings aufflackernden Widerstände gegen städtische Projekte, wie etwa gegen Stuttgart 21, weisen die City nur scheinbar als Kampfplatz aus. Der Leitbegriff auch dieser Bürgerinitiativen ist und bleibt: »friedlich«. Alle Bürger haben die Erziehung zu ruhigem Verhalten in der City internalisiert.

Die Zersplitterung der Menge in Einzelne, die sich auf Geschäfte oder Bistros verteilen, ist nur eine der Taktiken, den Frieden der City zu sichern. Viel effektiver für die Ruhe ist es, die Menge zu versammeln und zu unterhalten. Dieses Vorgehen wird umso größere Bedeutung gewinnen, je mehr der

Online-Handel den Besuch der Innenstadt überflüssig macht, diese sich zu entleeren droht, Dichte also nicht mehr garantiert wäre. Die Organisation von Festen für die gutgelaunte Menge ist daher die wichtigste Aufgabe, die sich die Städte für die Zukunft gesetzt haben, und sie üben sich darin schon heute. Wo City ist, jagt ein Fest das andere.

An die Stelle des Intellektuellen, der das Leben in der Stadt mit teils grantigen, teils heiteren Kommentaren versah, ist daher ein Typus getreten, den schon David Riesman in »Die einsame Masse« als unverzichtbar für die moderne Stadt empfahl: der Freizeitberater. Er ist der Regisseur eines Müßiggangs en masse. Er beobachtet das Leben in der Stadt kritisch nur um herzustellen, was nicht da ist: Leben. Zu dieser Spezies zählt Riesman auch Städteplaner und Architekten, die nicht nur notwendige Bauten aufführen, sondern auch Freizeitinseln anlegen. »Eventtechnik« ist eine neue Wissenschaft und ein Handwerk, das viele beschäftigt. Vor allem aber sorgen die Freizeitanimateure, seien sie nun städtisch oder privat organisiert, für lokal und zeitlich begrenzte Stadtfeste.

Die gesamte Organisation der City ist eingerichtet, eine Menge so zu unterhalten, dass sie nicht zur Masse wird. Ein menschliches Grundbedürfnis, sich zu versammeln, setzen Stadtplaner zwar voraus, sie stellen aber, um Canettis »Masse und Macht« zu zitieren, keine »Massenkristalle« zur Verfügung, d. h. keine Personen von unwiderstehlicher Anziehungskraft, die zum Kern einer Zusammenballung werden könnten. Nicht weniger bannend als ein faszinierender Körper könnten Worte und Gesten sein: Vaterland, Befreiung von Unterdrückung, Gleichheit, Wahrheit waren die großen Worte, die Revolutionen auslösten. In der City werden solch symbolträchtige Wörter nicht vernommen. Vor Wörtern zwar strotzt dieser Ort, von Firmennamen, Logos, Reklamesprüchen. Das aber sind keine Zeichen, die verpflichten. Auch Gebäude, diese in Stein gebauten Symbole, Kirchen, Rathäuser, Schlösser, Denkmäler, werden durch die Nutzung als Café, Bistro und Ausflugsziel zur bedeutungslosen Kulisse des Konsums. Der Stuttgarter Schlossplatz etwa, einst Ehrenhof der königlichen Autorität, wird zur gastronomischen Zone umgestaltet. Wo Ämter residierten, wo danach Banken einzogen, entsteht ein »Brauhaus« mit 500 Sitzplätzen. Man überschreitet in der City keinen weiten Platz und geht auf ein Monument zu, man sucht nach einem Liegestuhl oder Sonnenschirm, man schaut auf Stühle statt auf Säulen, auf Kundenstopper statt auf Sinnbilder, auf Waren statt auf Karyatiden. Draußensein hat die Eroberung ehemals herrschaftlicher Räume durch eine froh gestimmte Menge zum Ziel. Auch Neubauten im städtischen Zentrum vermeiden ästhetische Signale von Macht.

Im Gegenzug zum Verlust der real anwesenden oder symbolisch vertretenen Macht werden jene Orte, an denen sich die Menge trifft, verbal durch die

Symbolsprache einer ehemaligen Aura aufgewertet: Man besucht einen Konsumtempel, den Kinopalast oder das Palast-Kino, das Schlosscafé. Das Museum liegt an der Kulturmeile, feiner als in anderen Geschäften kauft man ein im Museumsshop, und die Kirche empfängt zur unheiligen »Church Night«. An diese Orte werden viele hingelenkt, um sich dort als Einzelne zu amüsieren. Die City muss sich aber auch mehrmals pro Jahr selbst als Versammlungsort anbieten und tut dies bei den vielen Stadtfesten, in den »Langen Nächten«, vor Großleinwänden oder bei Popkonzerten mitten in der Stadt. Da allerdings werden der Menge Kristallisationsfiguren im Sinne Canettis angeboten. Stars aus Pop und Sport sind Führer auf begrenzte Zeit. Um sie aber scharen sich Leute, die keine klassenmäßige Bestimmung haben. Die Stars sollen in diese Haufen weder durch große Worte noch durch auratische Gesten Ordnung bringen. Wer die Menge mit Musik und Körperbeherrschung unterhält, verweist nicht auf Ideen, sondern auf die Marke, die seinen Auftritt sponsert. Die Marke soll die Menge, kaum dass sie sich zusammengefunden hat, schon wieder demontieren und in Teile zerlegen, die der Wunsch beherrscht, zu kaufen und zu besitzen. Auch Massengefühl ist nur noch schnäppchenweise und für wenige Minuten zu haben.

Die einst befürchtete Vereinsamung in der Masse ist gebannt durch die Aufhebung aller Statussymbole. Die demokratische Gleichheit ist garantiert durch jenen bereits beschriebenen Rollentausch, der es auch der Sekretärin ermöglicht, gelegentlich für den Chef zu zahlen. Die Menge ist monochrom und glanzlos, alle halten gleichen Abstand zueinander, Distanz schaffende Gesten werden dennoch vermieden. Georg Simmel vermisste auf den Straßen der zwanziger Jahre den Brillanten, dessen Glanz den Träger über andere emporhebe. Einst war es gleichviel, ob das Funkeln des Brillanten, des Geistes oder der Münze Distanz herzustellen vermochte zwischen den Menschen: Allein die markante, das Stadtleben bereichernde Erscheinung zählte. Die Monochromie des heutigen Straßenbildes erwächst aus dem Erlöschen dieser Lichter. In solch ästhetischer Dämmerung beginnt das Glück der demokratischen Gleichheit.

Ausklang und Zukunftsmusik

DEN historischen Wandel, der die Innenstadt zur City verändert hat, kann man nicht nur sehen, man kann ihn auch hören. Nichts prägt sich Körpern so zwingend ein wie Musik. Sie besiegelt die demokratische Vereinigung, deren Schauplatz die City ist.

Die Geräusche der Stadt bewegten sich in den letzten Jahrzehnten aus dem Bereich der mittleren Frequenzen hin zu dem der niederen Frequenzen. Die Stadt des 19. Jahrhunderts war zwar laut, der Schallpegel schwankte zwischen Höhen und Tiefen, und doch gab es in diesem Lärm weniger tiefe und weitschwingende Töne. Das Geschrei der Händler und Marktweiber, das Quietschen der Kutschen, Pferdegewieher und Peitschenknall, Geräusche der handwerklichen Arbeit von Schneider, Metzger, Schreiner ergaben eine vielstimmige Musik, in der das Wummern tiefer, nachhallender Töne fehlte. Das laute Leben der Innenstädte von einst ist verstummt. Statt dessen ist der Städter einer Akustik aus weitschwingenden Tönen ausgesetzt, die meist mechanisch erzeugt werden durch das Gebrumm von Autos, Flugzeugen, elektrischen Geräten, seien diese nun schnarrende Kaffeemaschinen, Kühlanlagen oder Presslufthämmer.

Niederfrequenzen schwingen in langen Kurven, erzeugen unscharfe Töne und hallen im Körper nach; bewusstlos nehmen Ohr und Herz sie auf. Der Mensch hat dabei nicht den Eindruck, er selbst oder sein Gegenüber erzeuge den Lärm. Er fühlt sich vielmehr mitten *in* ihm. Kaufhäuser und Restaurants versuchen durch eigene Musik die Außenakustik von Auto und Maschine zu übertönen, wählen dabei aber ebenfalls eine Beschallung im Niederfrequenzbereich. Der damit beauftragte junge Angestellte bietet seinen viel älteren Gästen stets die Popmusik seiner Generation im Niederfrequenzbereich zur Unterhaltung an. Das Wummern und Brummen der Bässe, das sich über das diffuse Gemurmel der Stimmen legt, unterscheidet sich in der Wirkung auf den Hörer von maschinell erzeugten Alltagsgeräuschen nur wenig. Die Rhythmen der Popmusik nisten sich unter der Oberfläche des Gesprächs im Körper ein. Schon auf dem Weg in die Stadt bereitet sich der Besucher auf die Akustik der City vor. Nicht nur Jugendliche versorgen sich über Headphones mit Musik im Niederfrequenzbereich; inzwischen sitzen auch Senioren mit dem Knopf im Ohr in Auto oder S-Bahn und beziehen über MP3 die Musik ihrer Kinder oder gar Enkel. Immer häufiger trifft man auf den älteren Bildungsbürger, der sich durch Musikkonserven von äußeren Geräuschen abzuschirmen sucht.

Der Kopfhörer sorgt dafür, dass sich das Gehör mitten im Zentrum der Klänge befindet. Ähnlich muss es gewesen sein, als, etwa bei Gregorianischen Gesängen, die Sänger innerhalb des Hallraums der Kirche saßen, also im Innern des Instruments. Ähnliches geschieht beim abstandslosen Hören mit dem Walkman; es fängt den Einzelnen in einem quasi-sakralen Hallraum ein. Stärker aber noch als einst in der Kirche schirmt es gegen die Umwelt ab.

Die Flucht in eine akustische Eremitage entspricht nicht ganz den Möglichkeiten der Niederfrequenz-Musik. Ursprünglich war, nicht anders als bei den Gregorianischen Gesängen, die Vereinigung einer Gemeinde beabsichtigt. Dem ersten Konzert der Beatles 1965 im Shea-Stadion in New York wohnten 55000 Gläubige bei. Die Band gab zu, sich selbst über der lautstarken Begeisterung ihrer Fans nicht mehr gehört zu haben. John Lennon stellte fest, er sei »more popular than Jesus«. Bislang wurden die unheiligen Andachten unter Gottes freiem Himmel oder in Arenen am Rande der Stadt zelebriert. Dort haben Sport und Musik ein neues Ritual entwickelt für die kollektiven Feiern der Vielen, die aus den Regionen im Umkreis der Metropole zusammen-strömen. Wenngleich wilder und lauter als in der Kirche, verhalten sich die Fans nicht wesentlich anders. Sie begleiten den Gesang des Vorsängers mit rezitatorischen und rhythmisierenden Chören; die im Stadion üblichen Bewegungen, die La-Ola-Welle oder das durch den Groove angeregte Aufspringen, Mitwippen, Mitsingen, übten auch schon die Kirchgänger, die einmal knien, einmal stehen sollten und dann wieder sitzen durften und dem Vorbeter durch Wort oder Gesang antworteten; das Ostinato aus Rhythmus und Melodie, das sich durch die gesamte Veranstaltung hindurchzieht, gleicht dem Wechselgesang von Priester und Gemeinde bis zum »ite missa est«.

Ander als der Priester freilich, der der Gemeinde voransteht und Blick und Gebet auf Gott hin richtet, tauchen Popsänger in die Gemeinde ein, sind Priester und Gott zugleich: Das *diving* in der Menge ist die Epiphanie eines Gottes in einer entgötterten Welt. Nicht zufällig nennt die Menge ihre Vorsänger Stars; sie sind wirklich »more popular than Jesus«, weshalb die Kirchen heute Mühe haben, sich gegen sie zu behaupten; nicht selten übernehmen sie deshalb Rituale aus diesen Weihefesten in ihre Gottesdienste.

Die heutige City kann sich diese Massenveranstaltungen nicht entgehen lassen. Sie sind eine der wichtigsten Möglichkeiten, viele Menschen in die City zu locken. Popkonzert und »Rudelgucken« werden seit einigen Jahren als Höhepunkte der Sommersaison mitten im Zentrum veranstaltet. Massen aber werden nicht nur geführt von einem Körper, sondern mehr noch von dessen Stimme. Auch die städtische Menge wird bei diesen Festen von einer Zentralstimme gelenkt. Seit es Lautsprecher und Rundfunk gibt, ist die Zentralstimme ubiquitär, von Anfang an war sie ein Mittel der Massenlenkung. Den Aufmärschen des Volkes im Nationalsozialismus ging die alltägliche Erweckung durch die Stimme des Führers aus dem Volksempfänger voraus. Nach dem Zweiten Weltkrieg hat das Radio die laute Stimme dazu genutzt, die Erinnerung an die politische Katastrophe auszulöschen. 1954 war das Wunder von Bern auch eines der Zentralstimme des Reporters Herbert Zimmermann. Seine aufgeregte Berichterstattung lenkte die Begeisterung fürs Vaterland bleibend auf die Begeisterung für die Nationalmannschaft um. Die Stimme des Reporters drang in die Wohnzimmer und vereinigte die Bürger zu einer dezentralisierten, also ungefährlichen Menge.

Da die City der Sammelplatz der Menge ist, stellt nun auch sie für ihr Publikum das Erlebnis von Zentralfigur und Zentralstimme bereit. Bei diesen Erntedankfesten der städtischen Menge verzehrt man Pizza, gießt als Opfergabe Bier und Coca-Cola auf die Straße und wirft Kaugummi und Zigarettenkippen dazu. Die Stadt sieht nach solchen Feiern etwas erschöpft aus, aber auch glücklich. Was da stattfindet, sind Feste des Friedens nach der Beendigung der sozialen Kämpfe des 19. Jahrhunderts. Die Umwandlung der bedrohlichen Masse in eine fröhliche Menge könnte sich nicht eindrucksvoller zeigen als an diesen hohen Feiertagen der City.

Die Geschichte von Rock und Pop selbst ist Teil der Beruhigung der sozialen Revolutionen zu kollektiven Festen. Die ersten Rockfestivals fanden, als sie in den sechziger Jahren aus Amerika eingeführt wurden, ihre Anhänger unter der unverheirateten männlichen Arbeiterjugend, jener Klasse also, die früher zum Aufstand bereit war. Die Jugendkultur übernahm ihre neue Akustik von der Arbeiterbewegung. Das Wogen der Teilnehmer ist getragen vom Rhythmus der Bässe, die dem bedrohlichen Geräusch aufständischer Massen gleichen. Elias Canetti beschreibt in »Die Fackel im Ohr« die Massenrevolte im Sommer 1927 in Wien als eine akustische Bedrohung aus Niederfrequenzschwingungen, wie er sie auch fünfzig Jahre später bei einem Popkonzert hätte erleben können: »Doch der Zusammenhang des Ganzen riß nicht ab: selbst wenn man sich plötzlich irgendwo allein fand, spürte man, wie es an einem riß und zerrte. Das kam daher, daß man überall etwas *hörte*, es war etwas Rhythmisches in der Luft, eine böse Musik. Musik kann man es nennen, man fühlte sich davon gehoben. Ich hatte nicht das Gefühl, dass ich mit eigenen Beinen ging.«

1965 verlieh die Queen den Beatles den Orden MBE, den »Most Excellent Order of the British Empire«, den bis dahin nur hohe Politiker und Militärs erhalten hatten, und zeichnete sie damit als Kämpfer für den sozialen Frieden aus. Heute kommt dieser Auszeichnung die bescheidenere Einladung auf den zentralen Platz der City gleich, wo bis dahin staatliche und kirchliche Feste stattgefunden hatten. Nachdem die proletarische oder sich proletarisch gebärdende Jugend in den Jahren des Wirtschaftswunders in Stadien außerhalb der Stadt das Ritual einer zügellosen Friedlichkeit ausgearbeitet hatte, wird sie nun in die Stadt der guten Bürger eingeladen.

Mit dieser demonstrativen Geste hofiert die City die Massen und anerkennt sie als lebensfrohe Menge. Eigentlich ist die City ungeeignet für die Veranstaltungen der Niederfrequenzkultur: Jeder städtische Platz ist kleiner als ein Stadion, er hat keine aufsteigenden Ränge, in denen sich der Chorgesang wie in einer Schüssel fängt und widerhallt. Dennoch sind die Türen, die die Masse einrennen könnte, längst geöffnet. In die City tritt, was einmal als Masse gefürchtet war, als Menge ein, als hoch geschätzter Gast, der einer Einladung Folge leistet. Die Musik der niederen Frequenzen, die die Körper musikalisch und neurologisch zusammenschließt, ist die Zukunftsmusik dieses Ortes.

Gustav Seibt
Goethes Autorität
Aufsätze und Reden

Herausgegeben
von Anne Hamilton

176 Seiten, 11,5 x 18,5 cm,
Hardcover

Buch 978-3-86674-223-9

PDF 978-3-86674-276-5

Epub 978-3-86674-277-2

*Goethe hat seine Wirkung auf Generationen nachdenklicher
Leser entfaltet. Dabei liegt das Geheimnis seiner Autorität
nicht zuletzt in der leisen, undoktrinären Art, in der er seine
Gedanken der Mit- und Nachwelt hinterlassen hat.*
*Gustav Seibt verfolgt Spuren solch diskreter Einflussnahme
bis in die Gegenwart.*

Gustav Seibt, geboren 1959 in München, lebt heute in Berlin.
Er war Redakteur bei der *Frankfurter Allgemeinen Zeitung*,
Autor der *ZEIT* und arbeitet seit 2001 für die *Süddeutsche Zeitung*. 1995 wurde ihm der Sigmund-Freud-Preis für wissen-
schaftliche Prosa, 1999 der Hans-Reimer-Preis der Warburg
Stiftung, 2011 der Deutsche Sprachpreis und 2012 der Fried-
rich-Schiedel-Literaturpreis verliehen.

ein Kreuzzug gegen das provinzielle Denken
DIE ZEIT

ein Vergnügen und eine Zumutung, eine Inspiration und eine Provokation
FRANKFURTER ALLGEMEINE SONNTAGSZEITUNG

eines der wichtigen intellektuellen Foren des Landes
SÜDDEUTSCHE ZEITUNG

ein verlässliches Forum für das unabhängige Denken, immun gegen die Versuchungen der Gesinnungsethik und souverän in der Korrektur aller ideologischen Moden
SAARLÄNDISCHER RUNDFUNK

die wohl wichtigste deutsche Intellektuellenzeitschrift
KULTURZEIT AUF 3SAT

Merkur, Hauptorgan der kulturelitären Intelligenz des Landes
BLÄTTER FÜR DEUTSCHE UND INTERNATIONALE POLITIK

der Merkur ist einfach unverzichtbar, seine Verdienste um die bundesrepublikanische Debattenkultur sind legendär
FRANKFURTER RUNDSCHAU

a good deal of the writing is clear, unpretentious, and even elegant
ALFRED BRENDEL IM GUARDIAN

Deutschlands führende Kulturzeitschrift
STUTTGARTER ZEITUNG

feinste aller deutschen Intellektuellen-Zeitschriften
NEUE ZÜRCHER ZEITUNG

Zentrum der liberalen Intelligenz
FRANKFURTER ALLGEMEINE ZEITUNG

nach Ansicht der Fachleute ist der Merkur die universale Intelligenz und bringt sogar die schlichten Gemüter auf Trab
AMMIANUS MARCELLINUS IN »RÖMISCHE GESCHICHTE«

der Merkur hat in Deutschland das allerhöchste Ansehen
GAIUS JULIUS CAESAR IN »DER GALLISCHE KRIEG«

Sämtliche Texte seit 1947 unter www.volltext.online-merkur.de

2013
zu Klampen Verlag
Röse 21 · D-31832 Springe
info@zuklampen.de · www.zuklampen.de

❧

Reihenentwurf: Martin Z. Schröder, Berlin
Satz: textformart, Göttingen
Gesetzt aus Baskerville Ten
Druck: CPI – Clausen & Bosse, Leck

❧

ISBN 978-3-86674-188-1

❧

Bibliographische Information der
Deutschen Nationalbibliothek:
Die Deutsche Nationalbibliothek
verzeichnet diese Publikation in der
Deutschen Nationalbibliographie;
detaillierte bibliographische Daten
sind im Internet abrufbar:
http://dnb.d-nb.de